Principios para la Mejora de Procesos

Una Guía Concisa para Gerentes

C. Dennis Pegden

Publicado por Simio LLC

www.simio.com

Principios para la Mejora de Procesos

Una Guía Concisa para Gerentes

Primera Edición

Última Actualización: 9 de junio de 2015

Puede descargar una versión de prueba del *software* SIMIO de forma gratuita en www.simio.com.

Los modelos utilizados para demostrar los principios de mejora de desempeño pueden ser ejecutados en la versión de evaluación del software, y se encuentran en la carpeta *Examples* de la pestaña de *Support*.

En ORCASIM contamos con personal con más de 18 años de experiencia en el desarrollo de soluciones, proporcionando una herramienta que permite analizar y apoyar la toma de decisiones para poder prevenir, corregir y mejorar cualquier proceso industrial, logístico o de servicio.

Contenido

Introducción

Este libro presenta 25 principios de mejora de procesos que los gerentes pueden utilizar para hacer más eficiente el diseño y operación de sus sistemas de producción. Tanto los sistemas de manufactura como los de servicios pueden aprovechar el ahorro de tiempo y costos que ofrecen estos principios.

Un sistema de producción utiliza uno o más recursos para realizar una tarea específica (o un conjunto de tareas) en un objeto, mientras este se mueve a través del sistema. En el contexto de manufactura, los recursos pueden incluir máquinas, herramientas, operadores y dispositivos para el manejo de materiales. En un sistema de servicios, como una clínica de salud, los recursos pueden incluir un área de espera, médicos y enfermeras, equipos de imagenología y cuartos de exploración. En cualquier caso, el flujo de trabajo a través del sistema depende de la disponibilidad de los recursos.

La palabra *entidad* denota el elemento de trabajo que se mueve a través de los recursos del sistema. Una entidad puede ser una pieza que se está produciendo, un paciente que está siendo tratado en el área de urgencias, un pasajero que está siendo atendido en un aeropuerto, o una transacción de negocios que se está ejecutando.

Nuestro objetivo es diseñar y ejecutar sistemas de producción que procesen a las entidades de la manera más eficiente, usando los recursos que se tienen en el sistema. Queremos que las entidades sean procesadas al menor costo y de forma oportuna.

La simulación nos da la habilidad de modelar un amplio rango de sistemas de producción. Un modelo de simulación es capaz de registrar el impacto de los recursos limitados en el desempeño del sistema, ya que representa el movimiento de las entidades a través del mismo. Los modelos de simulación tienen la gran ventaja de ser un método rápido y flexible para identificar la variabilidad dentro de los procesos. Observar animaciones de nuestros sistemas nos permite apreciar diferentes perspectivas de su comportamiento, además de evaluar rápidamente diversas alternativas del sistema, y comparar Indicadores Clave de Desempeño (*Key Performance Indicators*, KPIs) para seleccionar las mejores estrategias.

A pesar de que utilizaremos diferentes tipos de modelos de simulación en nuestro análisis, no es necesario que el lector sepa cómo construirlos. Utilizaremos SIMIO para ilustrar los principios que vamos a tratar. Por el momento, nos enfocaremos únicamente en los resultados estadísticos y no en la visualización; por lo tanto, restringiremos el uso de SIMIO a la animación básica en 2D (aunque con SIMIO es posible realizar modelos muy realistas con animación 3D). Los modelos utilizados en este libro pueden ser ejecutados en la versión de prueba de SIMIO, y se encuentran disponibles en la pestaña de *Support*, en la carpeta *Examples*, para aquellos lectores interesados en realizarlos.

La simulación en SIMIO puede ser utilizada para evaluar diversos sistemas productivos que encontramos a diario en los negocios. Consideraremos tres tipos principales de sistemas de producción:

Estaciones en Paralelo. La forma más básica es un área de servicio independiente, cuando una o más estaciones procesan a las entidades en paralelo. En la parte izquierda de la imagen, las tres estaciones (rectángulos azules) operan en paralelo para procesar a las entidades que entran al sistema. Un ejemplo de esto es el mostrador para *Check-In* de los aeropuertos, donde cada pasajero es atendido por un empleado distinto.

Líneas de Producción. También consideraremos una secuencia lineal de estaciones, en la cual cada entidad se mueve de estación en estación según una secuencia determinada. En una línea de producción, las entidades se mueven por una ruta fija desde la estación A hasta la B, y de ahí a la C. Aunque cada entidad puede tener un tiempo de proceso distinto en cada estación, todas las entidades siguen la misma secuencia (A, B, C). Ejemplos de ello son una línea de producción en una fábrica, o un centro de atención para tramitar la licencia para conducir. A veces, los procesos en línea trabajan a un ritmo en el que todas las entidades deben avanzar de forma sincronizada, como en las líneas de ensamblaje de automóviles.

Job Shop (Configuración de taller). Finalmente, consideramos el caso más general, en el que cada entidad sigue su propia secuencia a través del sistema, y puede visitar cualquier combinación de estaciones. A la derecha de la imagen, las entidades rojas visitan la estación A, la C y luego la B; mientras que las verdes sólo van a la C y luego a la B. Este es el sistema de producción típico de un taller, pero también puede ser el caso del flujo de pacientes a través de un hospital. Note que todos estos sistemas pueden requerir tanto de un recurso primario (una máquina o un cuarto de exploración), como de uno secundario (trabajadores, herramientas, etc.) para cada estación, los cuales pueden pertenecer a una estación en específico o ser compartidos entre ellas.

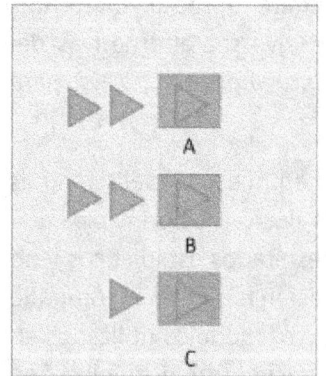
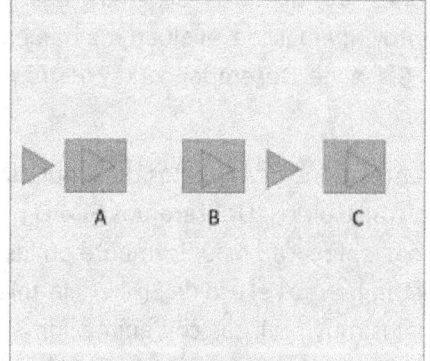
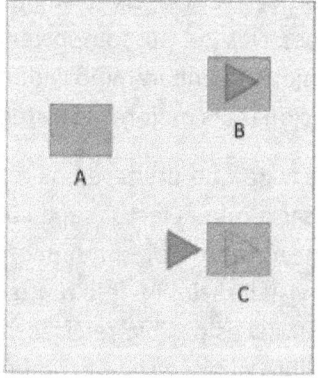

| Estaciones en Paralelo | Línea de Producción | Job Shop |

Además de la estructura básica del sistema que hemos establecido, debemos tomar decisiones respecto a cómo dimensionar y operar dichos sistemas. En una línea de producción o en un taller es común necesitar espacios limitados de almacén de entrada y salida (*buffers*) en las distintas estaciones para evitar paros de línea por falta de material (desabastecimiento) o porque la estación siguiente no está lista (bloqueo). ¿Qué estrategia debemos utilizar para colocar estos *buffers* en las distintas estaciones? En una línea de producción, es posible que debamos elegir el orden en el que debemos colocar las estaciones dentro del proceso. ¿Deberíamos poner las más rápidas al principio, en medio o al final de la línea de producción? Cuando operemos el sistema, puede que tengamos que decidir cuáles entidades deberán procesarse a continuación, o a qué estación deberíamos asignarle una tarea en específico. Si queremos maximizar nuestro rendimiento, ¿qué entidad debe procesarse primero? En el caso de recursos secundarios, como operadores, debemos decidir cuánta capacitación o *entrenamiento cruzado* se necesita para que los operadores puedan encargarse de distintas estaciones. Los principios de producción que aquí se presentan están pensados para ayudar en la toma de decisiones para mejorar el diseño y la operación de estos sistemas.

Indicadores Clave de Desempeño (KPI's)

Para demostrar estos principios de producción, nos enfocaremos en tres KPIs: Trabajo en Proceso (*Work In Process*, WIP), Rendimiento del Sistema, y Entregas Oportunas[1]. El WIP se refiere al trabajo que ha entrado al sistema, pero aún no está terminado. Como ejemplo de WIP tenemos el número de objetos en el sistema o, en términos de tiempo, el tiempo promedio de espera o el tiempo en sistema, de acuerdo a la Ley de Little. El Rendimiento del Sistema se refiere al número de entidades terminadas o que se están moviendo a través de este, y las Entregas Oportunas se refieren a la terminación del producto de acuerdo a los parámetros establecidos, considerando al cliente.

La importancia de cada uno de estos KPIs depende de nuestro entorno: en una metodología de producción de tipo *Push* (*make-to-stock*), comúnmente nos enfocamos en el rendimiento; mientras que en uno tipo *Pull* (*make-to-order*), nos rigen las entregas oportunas. En general, una estrategia de producción que reduzca el WIP reduce también los tiempos de espera de cada proceso y el tiempo total en el sistema. En un ambiente *make-to-stock*, nuestro principal KPI es el rendimiento, porque con él se incrementa la producción o la cantidad de clientes atendidos con una determinada inversión en recursos; reducir el WIP sin comprometer el rendimiento es un KPI secundario. En un entorno *make-to-order,* el rendimiento es un dato de entrada (p.ej., producir todas las órdenes acordadas) y nuestra prioridad son las entregas oportunas, ya que incrementan la demanda de nuestro producto. Reducir el WIP sin comprometer las entregas oportunas es un KPI secundario.

Cada uno de los principios de mejora de procesos que estudiamos tendrá como objetivo uno o más de los tres KPIs. Aún cuando queramos mejorar simultáneamente los tres KPIs, esto no siempre es posible, y se pueden requerir ciertas compensaciones. Por ejemplo, una estrategia de producción como la minimización de tiempos de *setup* para maximizar el rendimiento puede no ser igual de

---

[1]N.T: Entiéndase por entregas oportunas aquellas que cumplen con todas las especificaciones dadas por el cliente, incluyendo, pero no limitándose, a la fecha de entrega.

benéfica para las entregas oportunas. De cualquier forma, el principio predominante para cualquiera de estos tres KPIs es la reducción en la variación del proceso productivo.

En este libro no se propone ni se presenta una metodología de mejora de procesos como *Six Sigma* o *Lean Manufacturing;* en lugar de eso, se presentan y demuestran principios básicos para la mejora de procesos que pueden ser utilizados con cualquier metodología dentro de sus proyectos de mejora de procesos. Por ejemplo, la simulación puede apoyar dentro de las fases Definir, Medir, Analizar, Mejorar y Controlar de un proyecto de *Six Sigma.*

Este texto es intencionalmente corto, ya que está dirigido a gerentes, quienes por lo general tienen poco tiempo disponible, y su objetivo es comunicar de forma concisa los principios de mejora de procesos. Comencemos.

Muchos gerentes subestiman el impacto negativo que la variabilidad tiene sobre el desempeño del sistema. La variabilidad es el factor más importante en el comportamiento del sistema, y la razón principal por la que los proyectos tienen costos adicionales, las fábricas tienen órdenes retrasadas, y las salas de emergencia tienen tiempos de espera muy largos. Entender y controlar la variabilidad es un asunto vital para diseñar y ejecutar correctamente los sistemas de producción.

Para comprender este principio, consideremos el modelo de un sistema de producción simple, en el cuál una única estación procesa a las entidades. Cada entidad entra al sistema, se forma en una fila hasta que pueda ser procesada (como en una sala de espera), es procesada y luego sale del sistema. Las entidades llegan cada hora, y el tiempo de procesamiento es de 55 minutos. Consideremos el desempeño de este sistema, y el papel que juega la variabilidad en él.

La imagen que a continuación se presenta, muestra el sistema modelado y animado en SIMIO, en un momento en particular. El modelo está conformado por un *Source*, desde el cual las entidades entran al sistema, viajan a través del *Connector* correspondiente (indicados por las flechas azules entre los rombos azules y grises) hacia el *Server* (estación de trabajo), y luego se van por un segundo *Connector* hasta el *Sink*, donde abandonan el sistema. El *Source*, los *Connectors*, el *Server* y el *Sink* son objetos de SIMIO que se usan para modelar el flujo de entidades a través de este sencillo sistema. En la imagen de abajo, el *Server* es de color verde para indicar que está ocupado, y el triángulo verde arriba del mismo es la entidad que se está procesando. Los tres triángulos verdes a la izquierda del *Server* son las entidades que se esperan para ser procesadas. Estos objetos tienen propiedades que permiten controlar su comportamiento, como son: en el *Source*, las propiedades que especifican el patrón de llegadas, y en el *Server*, las propiedades para especificar el tamaño del *buffer* y el tiempo de proceso, entre otros.

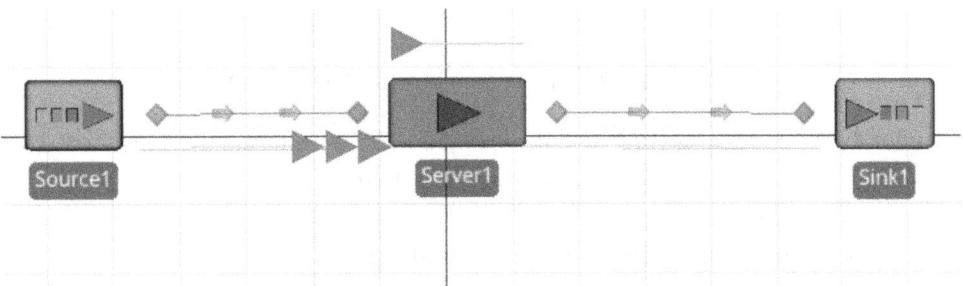

Definiremos tres escenarios para este modelo. En el primer escenario, asumimos que no hay variabilidad en el sistema: las entidades llegarán cada hora, y el proceso tardará exactamente 55 minutos. En el segundo escenario, el tiempo de proceso seguirá siendo constante, de 55 minutos, pero añadiremos variabilidad al patrón de llegadas: las llegadas suceden de forma aleatoria, escogiendo un valor de acuerdo a una distribución exponencial, con promedio de una hora. En el tercer escenario, se agregará variabilidad al tiempo de proceso, con valores aleatorios según una distribución exponencial con promedio de 55 minutos.

Los resultados de este sencillo modelo se encuentran resumidos en la siguiente tabla. Hemos realizado 100 réplicas de la simulación, con un periodo de 1,024 horas para cada una. Hay dos controles que definen el tiempo entre llegadas al sistema (*Interarrival Time,* en minutos) y el tiempo de procesamiento del *Server* (*Processing Time,* en minutos). Las respuestas incluyen el rendimiento promedio (*ThroughPut,* en unidades producidas) el tiempo promedio de espera de las entidades en el *Server* (*WaitingTime,* en horas), y la utilización del mismo (*Utilization*).

Scenario		Replications	Controls		Responses		
✓	Name	Completed	InterarrivalTime (Minutes)	ProcessingTime (Minutes)	ThroughPut	WaitingTime (Hours)	Utilization
✓	ConstantConstant	100 of 100	60	55	1024	0	0.916667
✓	RandomConstant	100 of 100	Random.Exponential(60)	55	1018.44	4.57785	0.912119
✓	RandomRandom	100 of 100	Random.Exponential(60)	Random.Exponential(55)	1014.55	9.39315	0.913334

Para el primer escenario (*ConstantConstant*), con tiempos constantes, no se tienen tiempos de espera, y la utilización del *Server* es de 92%. Este sistema opera de maravilla. Sin embargo, al añadir variabilidad en el patrón de llegada (*RandomConstant*), vemos que el desempeño del sistema disminuye substancialmente, con el tiempo promedio de espera aumentando de 0 a 4.6 horas. Si además agregamos variación en el tiempo de proceso (*RandomRandom*), el tiempo promedio de espera aumenta a poco más del doble: 9.4 horas. Si este fuera un departamento de urgencias médicas que estuviéramos administrando, tendríamos muchos pacientes infelices.

Este sencillo sistema de producción demuestra el impacto negativo que la variabilidad tiene sobre nuestros indicadores de desempeño.

La lección de este principio para la mejora de procesos es simple:

Busque y elimine las fuentes de variación del sistema.

Reducir la variación del sistema puede conllevar una o más de las siguientes medidas:

1. Diseñar herramientas de apoyo para las tareas (p. ej. plantillas/accesorios, *checklists* o procedimientos estandarizados) para reducir el tiempo de ciclo y la variabilidad de tareas altamente variables.
2. Rediseñar una pieza para disminuir la complejidad de su elaboración.
3. Eliminar productos o clientes poco rentables, que requieran tareas altamente variables.
4. Incorporar equipo nuevo para automatizar ciertas tareas altamente variables.
5. Reducir las variantes u opciones del producto.
6. Reducir la variabilidad de la demanda.

Como podremos observar, muchos de los principios que explicaremos en este libro también buscan reducir la variabilidad para mejorar el desempeño.

En nuestro modelo del Principio 1, nuestra utilización promedio permanece prácticamente igual en los tres escenarios, con la estación desocupada aproximadamente el 8% del tiempo. Incluso en el tercer escenario (tiempos aleatorios), en el que se tiene una espera promedio de 9.4 horas, hay periodos en los que la estación permanece inactiva. A pesar de que la variabilidad impacta directamente en diversos indicadores de desempeño, tales como el tiempo de espera, tiempo de ciclo, trabajo en proceso, tamaño de las filas, etc., no tiene un impacto significativo en la utilización de la estación. En muchos sistemas, la utilización a largo plazo de las estaciones es determinada por las entidades que entran al sistema, no tanto por las políticas específicas para la operación del mismo.

Imaginemos que, como gerente, desea incrementar la utilización de una estación a 95%. Nuestro segundo principio estipula que, ante la presencia de variabilidad, el incremento en la utilización se traducirá en un incremento del WIP y, por ende, de los tiempos de espera de la estación. Podemos incrementar la utilización de la estación hasta aproximadamente el 95% al cambiar nuestro tiempo entre llegadas a 57 minutos. Si realizamos este cambio y ejecutamos nuestro modelo, podemos apreciar que el tiempo promedio de espera aumenta a más de 15 horas. Por consiguiente, un ligero incremento en la utilización (de 92% a 95%) ocasiona un aumento dramático en los tiempos de espera. Cualquier incremento adicional en la utilización tendrá un impacto aún más dramático en los tiempos de espera. De hecho, a medida que la utilización se acerca a 100%, el WIP y los tiempos de espera tenderán a aumentar, como se ilustra en el siguiente gráfico, en el que se muestran los resultados obtenidos al cambiar la utilización, desde 56% hasta 96%.

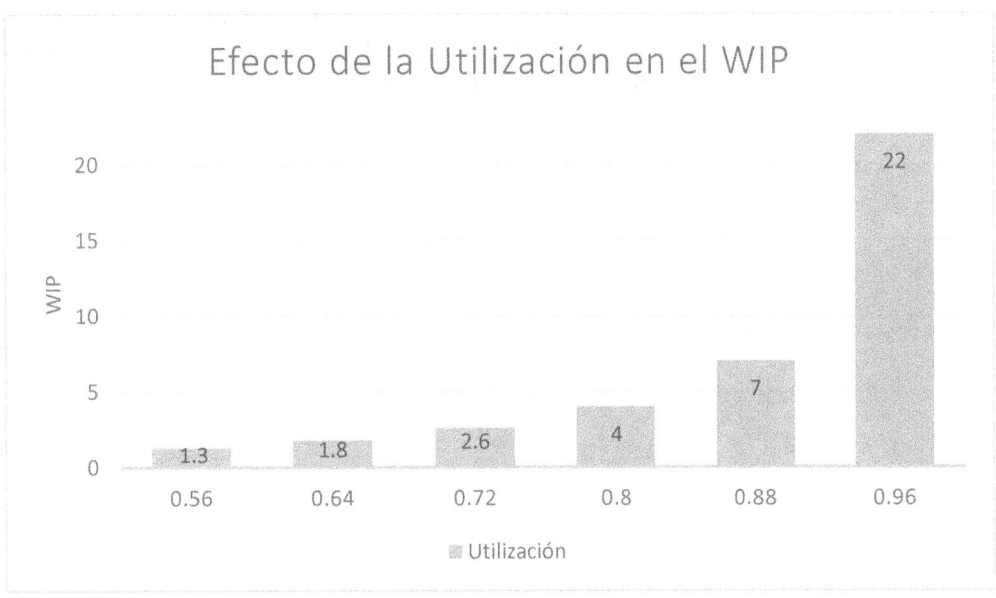

Una utilización alta genera gran cantidad de WIP y tiempos de espera largos (mostrados en blanco dentro de las barras). Este es el precio a pagar por tener variabilidad en el sistema y, por tanto, cualquier intento por tener recursos con una utilización alta en la presencia de variabilidad tendrá como resultado tiempos de espera extensos, filas largas y gran cantidad de WIP. La única forma de eliminar estos problemas sería erradicar la variabilidad del sistema.

Los gerentes suelen emplear la utilización de los recursos como una medida de desempeño. Sin embargo, ante la presencia de variabilidad, una alta utilización provoca que tanto el WIP como los tiempos de espera adquieran valores extremos. En los sistemas reales, los gerentes a menudo deben aceptar utilizaciones de 80% o menores para poder cumplir con otros KPIs más importantes para el sistema. Por esta razón, hemos decidido enfocarnos en el Rendimiento, las Entregas oportunas y el WIP como KPIs primarios al analizar nuestros principios de mejora de desempeño. En el contexto *make-to-stock*, nos enfocaremos en el Rendimiento y el WIP; mientras que en el de *make-to-order* nos centraremos en las Entregas oportunas y el WIP.

La lección de este principio es:

Evite los niveles altos de WIP derivados de tener recursos altamente utilizados.

Existe un área donde es necesario enfocarse en las utilizaciones a corto plazo; esto es, en situaciones donde tenemos una o más estaciones que limiten la capacidad de producción del sistema (cuellos de botella). En el contexto de manufactura, un cuello de botella suele ser una máquina con alta utilización y que genera grandes costos. En un centro de salud, los cuellos de botella pueden incluir los quirófanos o el equipo de imagenología. En el caso de los cuellos de botella, es necesario que la estación se mantenga ocupada para evitar perder capacidad de producción a corto plazo. Esta situación es tratada y demostrada en el Principio #10. De cualquier modo, para el resto de las estaciones, la utilización no suele ser un elemento crítico para reducir el WIP, maximizar el rendimiento o cumplir oportunamente con las fechas de entrega.

Una estrategia para controlar la variabilidad y, por tanto, mejorar el desempeño, es denominada CONWIP (WIP constante). Esta es una estrategia de tipo *Pull* (en oposición a las estrategias *Push*), en la que al terminar de procesar una entidad, se genera la llegada de una nueva. En el contexto de manufactura, podemos implementar una estrategia CONWIP al liberar una nueva orden de trabajo cada vez que se termina de procesar una orden en el taller. En el ámbito de servicio, podemos aproximarnos a una estrategia CONWIP al programar citas con base en una aproximación del tiempo requerido por los clientes anteriores. En cualquiera de los casos, la meta es mantener constante el número de entidades en el sistema.

Para evaluar el impacto de una estrategia CONWIP, considere el siguiente modelo de simulación de SIMIO, en el cual las entidades llegan y viajan al *server* con menor ocupación de los tres disponibles. Las entidades entran al modelo a través del *Source* y viajan a través de los *Paths* al *server* correspondiente. Una vez que llegan, las entidades se forman en frente de cada *Server* y esperan su turno para ser procesadas, después de lo cual, salen del sistema por medio del *Sink*.

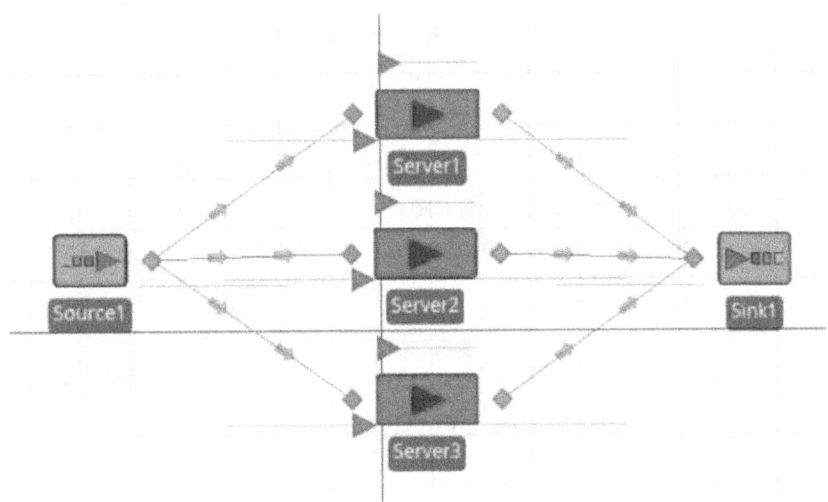

Compararemos dos casos para este sistema. En el primer caso (*Random*), tenemos llegadas aleatorias, que son completamente independientes de las salidas del sistema. En el segundo caso (CONWIP) mantenemos una cantidad constante de entidades en el sistema, y cada vez que una entidad sale del sistema, se genera una nueva. En ambos casos tenemos 3 escenarios donde iniciamos el modelo con niveles específicos de WIP de 3, 6 y 9 entidades, respectivamente. En el caso de CONWIP, el WIP permanecerá con este mismo valor a lo largo de la corrida de simulación. No obstante, en el caso de las llegadas aleatorias, el WIP variará según las llegadas y salidas de las entidades del sistema. Los *servers* tienen un tiempo de procesamiento aleatorio, según una distribución triangular con un mínimo de 0.1, una moda de 0.2 y un máximo de 0.3 minutos. En el escenario de las llegadas aleatorias, las entidades llegan según una distribución exponencial con promedio de 4 segundos. Este es el ritmo de llegadas requerido para lograr un rendimiento máximo (*Throughput*) con tres *servers*.

Los resultados de ambos sistemas se resumen a continuación, con WIPs iniciales de 3, 6 y 9 entidades.

Scenario		Replications	Controls	Responses			
	Name	Completed	InitialWIP	RandomThrougput	RandomWIP	ConWIP	ConWIPThroughput
✓	Scenario1	10 of 10	3	21480.6	90.1405	3	15688.7
✓	Scenario2	10 of 10	6	21486.8	89.6011	6	21591.3
✓	Scenario3	10 of 10	9	21525.4	91.8081	9	21601.2

Como podemos observar, las llegadas aleatorias producen un WIP promedio de aproximadamente 90 entidades, mientras que los sistemas con CONWIP mantienen un WIP de 3, 6 o 9. A pesar de que en el caso de tres entidades, el rendimiento del WIP constante es menor al del WIP variable, con los valores de WIP de 6 y 9 los rendimientos de CONWIP igualan a los de WIP aleatorio, lo que en promedio ahorra enormes cantidades de WIP.

Como demuestran los resultados, nuestra estrategia de CONWIP tiene el mismo rendimiento, pero con mucho menos WIP y con tiempos de ciclo más cortos. Este es un ejemplo de cómo se puede mejorar el desempeño del sistema cuando se controla su variabilidad, sin necesidad incrementar su capacidad.

A pesar de que estamos aplicando la estrategia a CONWIP en un caso muy concreto, este principio es aplicable a una gran variedad de sistemas. Cada vez que usted pueda eliminar o controlar una fuente de variabilidad en el sistema (en este caso, el WIP), su desempeño general mejorará.

La lección de este principio es:

Use una estrategia *Pull* o CONWIP para limitar el WIP.

Una estrategia *Pull* de producción puede ser implementada sin necesidad de cambios costosos en las tecnologías de información, al utilizar sistemas manuales, como tarjetas (*Kanban*), o regresar los contenedores vacíos a las estaciones previas, para desencadenar el proceso de reabastecimiento de componentes de las estaciones subsecuentes. Las estrategias tipo *Pull* pueden ser implementadas también en los servicios. Por ejemplo, en una pista de esquí se podrían mostrar los tiempos de espera en los teleféricos para que los clientes pudieran escoger la ruta con menor fila. De esta forma, las llegadas a los distintos teleféricos se auto ajustarían con base en el grado de congestionamiento de los mismos. De manera similar, un sistema de salud podría publicar sus tiempos de espera actuales en sus páginas web para que los pacientes pudieran dirigirse a clínica en la que los puedan atender más rápido. En ambos casos, buscamos reducir las llegadas durante los periodos de mayor afluencia.

En el último ejemplo utilizamos un sistema de estaciones en paralelo, cada una con su propia fila de entrada, lo cual es un arreglo común en las filas de cobro de las tiendas minoristas. Este principio estipula que, ante la presencia de variabilidad, es mejor tener una única fila para un conjunto de estaciones en paralelo.

Para demostrar este principio, comparamos los resultados de tres *servers* con unifila, contra los de tres *servers* con filas independientes, como se muestra en la imagen:

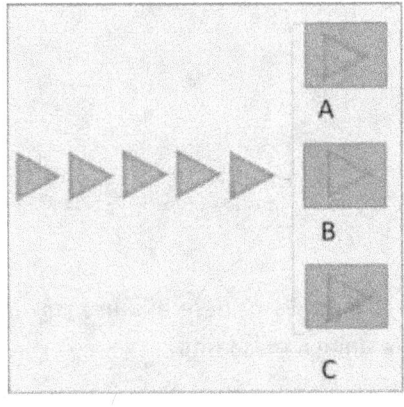

Unifila

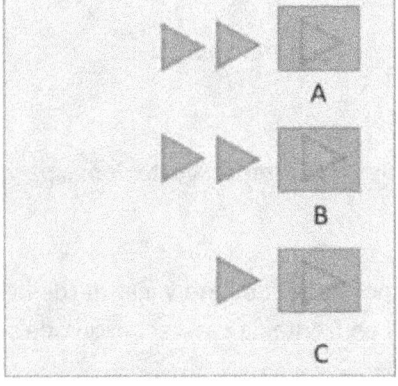

Filas independientes

Los resultados de estos dos modelos se resumen a continuación. Como podemos observar, nuestro modelo de la unifila tiene un WIP promedio menor que el de la versión con filas independientes.

Scenario		Replications	Responses			
✓	Name	Completed	SingleWIP	SingleThroughput	MultiWIP	MultiThroughput
✓	Scenario 1	10 of 10	6.77312	204921	7.11817	204729

Además de tener un mejor desempeño respecto a los tiempos de espera, la unifila asegura que los clientes sean atendidos en el mismo orden en el que llegaron, provocando la sensación de un trato justo y predecible.

El diseño de la unifila es más práctico cuando la distancia entre la fila y las estaciones individuales es corta, de manera que el tiempo de traslado de la fila a la estación es despreciable. De no ser así, puede emplearse un diseño híbrido: se coloca una fila pequeña con uno o dos lugares frente a cada estación, y estas son abastecidas por una única fila, como se muestra a continuación:

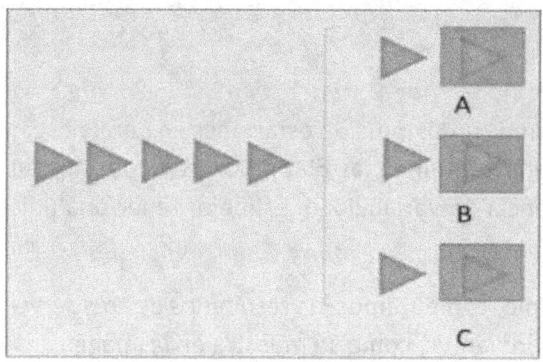

Fila híbrida

La lección de este principio es:

Use una única fila frente a estaciones paralelas.

Si el tiempo requerido para viajar desde la fila hasta la estación es largo, considere añadir filas más pequeñas en frente de cada estación que sean abastecidas por la unifila, más larga.

En muchos sistemas, como en los anteriormente mencionados, las entidades son procesadas conforme van llegando (*First-In-First-Out,* FIFO). En el caso de los servicios, los clientes suelen exigir que se empleé esta regla. Sin embargo, si nuestra meta es reducir el WIP (y consecuentemente, los tiempos de espera), este principio establece que lo podemos lograr al atender primero a las entidades que tardan menos en ser procesadas (SPT).

Para demostrar este principio, modelaremos un sistema de producción simple con una única estación, la cual procesa cuatro tipos de entidades: verde, azul, amarilla y roja. Los cuatro tipos de entidades tienen la misma probabilidad para entrar en el sistema, y lo hacen de forma aleatoria. El tiempo entre llegadas sigue una distribución exponencial con promedio de 0.25 minutos. El tiempo de procesamiento para cada entidad es aleatorio, según una distribución triangular. El mínimo, la moda y el máximo para cada tipo de entidad son: 0.0, 0.1 y 0.2 para las verdes; 0.1, 0.2, y 0.3 para las azules; 0.2, 0.3 y 0.4 para las amarillas; y 0.3, 0.4 y 0.5 para las rojas. Ejecutaremos dos escenarios para este modelo. En el primer escenario, procesaremos a las entidades de acuerdo al esquema de SPT, según su tiempo de procesamiento. En el segundo escenario, las procesaremos en el orden FIFO.

La siguiente imagen muestra nuestro modelo, ejecutado según la regla de primero el SPT. El *Server* se encuentra procesando una entidad verde, y hay cuatro entidades esperando a ser procesadas en la fila. Al emplear esta regla, en seguida procesaremos la entidad azul, luego la amarilla, y, finalmente, las rojas.

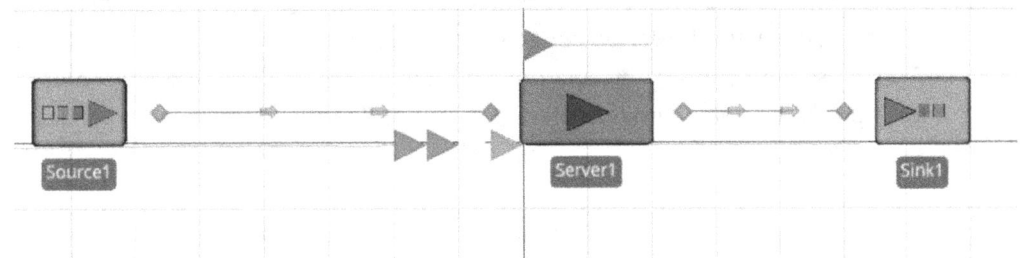

Examinemos los resultados de los dos escenarios de este modelo:

Scenario		Replications	Controls	Responses			
☑	Name	Completed	ServerRankingRule	WIP	WaitTime (Minutes)	MaxWaitTime (Minutes)	Throughput
☑	Scenario1	100 of 100	Smallest Value First	26.9446	6.25975	59.2813	5710.97
☑	Scenario2	100 of 100	First In First Out	42.3059	10.2291	24.3918	5691.36

Ambos escenarios tienen aproximadamente el mismo rendimiento. Sin embargo, al procesar primero el SPT, se produce un WIP substancialmente menor (una tercera parte) y, por tanto, se reduce el tiempo promedio de espera para nuestros clientes. Sin embargo, en este caso, el tiempo máximo de espera para un cliente es de 59 minutos, comparado con 24 minutos en el caso de FIFO. Esto se debe a que, cuando se toman decisiones de tipo SPT en sistemas altamente congestionados, es posible que algunas entidades deban esperar por tiempos excesivamente largos. No obstante, esto puede evitarse al utilizar una regla combinada, especificando que una entidad que ha estado esperando por determinado tiempo debe procesarse primero, y que para el resto de las entidades se aplique la regla de SPT.

Las cajas rápidas de las tiendas de autoservicio son un ejemplo sencillo de SPT. Esto suele hacerse a través de estaciones dedicadas para ello, pero si se combinaran los Principios #4 y #5 y se tuvieran solo dos filas para alimentar a todas las estaciones (una para las cajas rápidas y otra para las normales), se podría obtener un sistema con mejor desempeño. Las cajas rápidas se ocuparían primero de los clientes con pocos productos, si hubiera alguno; de lo contrario, pasarían a atender a los clientes normales. Esto es un poco más complicado que tener una fila para cada caja, pero siempre que usted le dé prioridad a atender a los clientes más rápidos, reducirá su WIP y disminuirá el tiempo promedio de espera de sus clientes.

En un centro de salud, el orden de atención puede determinarse por la gravedad de la condición del paciente. En algunos casos los pacientes pueden ser atendidos en cualquier orden, y hacerlo según el método FIFO puede percibirse como lo más justo. Sin embargo, al atender primero a los que tardan menos, se disminuiría el tiempo promedio de espera en el sistema.

La lección de este principio es:

Procese primero a la entidad de menor tiempo de procesamiento.

Esta estrategia puede requerir ciertas modificaciones cuando la Entrega oportuna es un KPI primario, ya que una entidad crítica puede tardar en ser procesada. En estos casos, la estrategia de atender primero el SPT puede ser incorporada en una regla híbrida que considere la holgura que se tiene sobre el tiempo de producción restante, de forma que las entidades críticas puedan ser procesadas antes cuando sea necesario.

Al diseñar líneas de producción, es común buscar balancearlas de forma que todas las estaciones tengan aproximadamente el mismo tiempo de ciclo. No obstante, aun cuando esto se logra, suele haber diferencias en relación a la variabilidad del tiempo de ciclo de una estación respecto al de la siguiente. Por ejemplo, una estación puede realizar un conjunto de tareas relativamente sencillas, con poca variación en el tiempo que le lleva procesar a cada entidad; mientras que otra estación puede realizar tareas más complejas, en las que el tiempo varía substancialmente de una entidad a otra. A pesar de que el tiempo de ciclo promedio en cada estación es casi igual, la variabilidad no lo es.

Este principio establece que al mover la variabilidad al final de la línea de producción, reducimos el WIP en el sistema sin perjudicar su rendimiento: tenemos menor inventario y congestión en nuestro sistema de producción, a la vez que procesamos la misma cantidad de entidades.

Para demostrar este principio, construimos una línea de producción con tres *servers* en serie. Las entidades entran en la línea de producción a una tasa constante de 4 por minuto. Hay un *buffer* infinito entre cada par de estaciones para almacenar el WIP. Cada *server* tarda en promedio 0.2 minutos en procesar la entidad. Los *servers* con poca variabilidad procesan a las entidades de acuerdo a una distribución triangular con un mínimo de 0.1, moda de 0.2 y máximo de 0.3 minutos. En cambio, el tiempo de procesamiento de los *servers* con más variabilidad siguen una distribución exponencial con promedio de 0.2 minutos. Recordemos que la desviación estándar de una distribución exponencial es X% mayor que la de una distribución triangular con el mismo valor esperado.

Ejecutaremos tres escenarios con dos *servers* poco variables y uno altamente variable. El primer escenario se llama *HighLowLow* y tiene el *Server* de mayor variabilidad al principio. El segundo escenario, *LowHighLow*, tiene a este *Server* en medio. El último escenario, llamado *LowLowHigh*, tiene el *Server* de mayor variabilidad al final.

Los resultados muestran que el mayor WIP ocurre cuando ponemos el *Server* con mayor variabilidad al principio de la línea, ya que la variabilidad tan grande que tiene impacta a toda la línea. En el último escenario, al mover el *Server* de mayor variabilidad al final de la línea, este no afecta a los primeros dos, lo que conlleva a una reducción substancial (25%) en el WIP.

Scenario			Replications		Controls			Responses
☑ Name		Status	Required	Completed	ProcessingTimeOne (Minutes)	ProcessingTimeTwo (Minutes)	ProcessingTimeThree (Minutes)	WIP
☑	LowHighLow	Idle	100	100 of 100	Random.Triangular(.1,.2,.3)	Random.Exponential(.2)	Random.Triangular(.1,.2,.3)	4.68797
☑	HighLowLow	Idle	100	100 of 100	Random.Exponential(.2)	Random.Triangular(.1,.2,.3)	Random.Triangular(.1,.2,.3)	4.92972
☑	LowLowHigh	Idle	100	100 of 100	Random.Triangular(.1,.2,.3)	Random.Triangular(.1,.2,.3)	Random.Exponential(.2)	3.82732

Otra forma de expresar este principio es tratar de colocar las tareas más complejas (p. ej., variables) al final de una secuencia, y mover lo más fácil al principio. Esto puede no ser viable si la secuencia de las tareas es determinada por el proceso mismo. Por ejemplo, la pintura podría tener que ser el último paso en un proceso de manufactura, aun cuando su tiempo de ciclo es poco variable. Sin embargo, cuando sea posible, colocar las tareas más complejas al final del proceso productivo mejorará su desempeño. Tomemos como muestra un caso del sector salud: no es raro que un procedimiento complejo se efectúe primero, para después recibir las instrucciones de la enfermera sobre los cuidados que deben seguirse y agendar una cita para dar seguimiento al caso. Este principio sugiere que, si esta secuencia se realizara al revés, el desempeño del sistema mejoraría.

La lección de este principio es:

Ubique las estaciones con más variabilidad al final de la línea de producción.

El objetivo al diseñar una línea de producción es colocar las tareas en distintas estaciones, de forma que la carga de trabajo quede balanceada a lo largo de todas ellas. No obstante, en la práctica, una línea de producción balanceada es casi imposible de lograr. Es mejor mover las estaciones de trabajo más rápidas al final de la línea de producción, porque con esto se reducirá el WIP en el sistema, sin afectar su rendimiento.

Para demostrar este principio, modelamos una línea de producción de tres *servers*, los cuales pueden tener tiempos de procesamiento lentos, moderados o rápidos. El *Server* rápido tiene un tiempo de procesamiento aleatorio, según una distribución exponencial de mínimo 0.001, moda de 0.1 y máximo de 0.2 minutos. El *Server* de velocidad moderada sigue una distribución de mínimo 0.1, moda 0.2 y máximo de 0.3 minutos. Por su parte, el *Server* lento procesa las entidades según una distribución triangular de mínimo 0.15, moda 0.25 y máximo de 0.35 minutos. Note que los tres tiempos de procesamiento tienen diferentes valores esperados, pero la misma variabilidad. Las entidades entran a la línea de producción a una tasa de 4 por minuto.

En el primer escenario, evaluaremos la configuración de rápido, moderado, lento. En el segundo, se prueba el orden inverso: lento, moderado, rápido. En ambos casos, se tiene un *buffer* infinito entre los *servers* para el WIP.

Los resultados se muestran a continuación:

Scenario		Replications	Controls			Responses	
☑	Name	Completed	ProcessingTimeOne (Minutes)	ProcessingTimeTwo (Minutes)	ProcessingTimeThree (Minutes)	WIP	Throughput
☑	FastMediumSlow	100 of 100	Random.Triangular(.01, .1, .2)	Random.Triangular(.1,.2,.3)	Random.Triangular(.15, .25, .35)	9.2354	5748.54
☑	SlowMediumFast	100 of 100	Random.Triangular(.15, .25, .35)	Random.Triangular(.1,.2,.3)	Random.Triangular(.01, .1, .2)	8.23035	5749.88

Como podemos observar, el orden de los *servers* no afecta el rendimiento del sistema, pero al mover los más rápidos al final de la línea de producción, se reduce el WIP (en este caso, un 12%). Con esto concluimos que, al mover la estación más rápida al final de la línea, esta es capaz de terminar el trabajo que le llega desde una estación más lenta.

La lección de este principio es:

Coloque las estaciones más veloces al final de la línea de producción.

Aunque esto no siempre es posible, puesto que la secuencia del proceso puede estar definida por otros factores, tanto las empresas de manufactura como las de servicios harían bien en explorar alternativas para explotar este principio y mejorar su desempeño.

Hasta el momento, al evaluar el orden de las estaciones en una línea de producción, no hemos puesto límite a sus *buffers* de entrada ni de salida. En teoría, estas estaciones nunca están bloqueadas por la que les sigue, ya que siempre pueden enviar a la entidad al *buffer* de entrada de la estación consecutiva. Sin embargo, en los sistemas de la vida real, el espacio es limitado, y se tiene cierta capacidad de *buffer* en cada estación. Si sus *buffers* están llenos, una estación puede bloquear a la inmediata anterior. Incrementar el tamaño de los *buffers* aumentará el rendimiento del sistema y disminuirá el WIP. Por tanto, en una línea de producción, podemos obtener mejores resultados al agregar espacios adicionales de *buffer,* sin tener que invertir en más estaciones o en equipos más rápidos. Note que, al aumentar el espacio de *buffer,* conseguimos el beneficio adicional de reducir nuestro WIP.

La razón por la que el aumento en la capacidad de *buffer* mejora el desempeño es que se disminuyen tanto los bloqueos como los desabastos de material. Una estación se considera bloqueada cuando termina de procesar una entidad, pero no puede enviarla a la siguiente estación porque esta está llena. El caso contrario sucede cuando la estación está libre, pero no tiene ninguna entidad esperando a ser procesada. En la figura que se muestra más abajo, donde el *Server2* y el *Server* 3 no tienen capacidad en los *buffers* de entrada, el *Server1* está bloqueado (amarillo): ha terminado de procesar a la entidad, pero el *Server2* aún está procesando (verde). El *Server3* se encuentra libre (gris) porque no tiene entidades en su *buffer* de entrada: permanecerá así hasta que el *Server2* termine de procesar a la entidad actual.

Se pueden necesitar *buffers* tanto a la entrada como a la salida de una estación. Este caso se da cuando la entidad terminada debe ser trasladada a la estación siguiente. Incluso si se tiene un *buffer* de entrada en la estación que sigue, se necesita un *buffer* de salida para almacenar temporalmente a la entidad hasta que un transporte (p. ej., un montacargas) pueda venir a recogerla y llevársela a la estación siguiente. Si no se tiene un *buffer* de salida, la estación permanecerá bloqueada hasta que la entidad pueda ser trasladada a su destino.

Para demostrar este concepto, modelamos una línea de producción de tres *servers* con un *buffer* de entrada infinito en el *Server1*, y *buffers* de tamaño limitado entre los *Servers* 1 y 2, y los *Servers* 2 y 3. Como existe una fila infinita frente al *Server1*, no hay límite para el WIP. Las entidades se mueven directamente desde un *Server* hasta el *buffer* de entrada del siguiente, de forma que no se requieren *buffers* de salida. Ejecutaremos cinco escenarios, evaluando tamaños de *buffer* de 0, 1, 2, 4 y 8 entidades. Los tres *Servers* tienen un tiempo de procesamiento aleatorio, según una distribución triangular de mínimo 0.1, moda de 0.2 y máximo de 0.3 minutos. Las entidades llegan aleatoriamente cada 0.22 minutos en promedio, de acuerdo a una distribución exponencial. Observe que este ritmo de llegadas provocará un congestionamiento en el sistema y una alta utilización de los *servers*.

A continuación, se muestra una imagen del modelo de simulación ejecutado, con el tamaño de los *buffers* de los *Servers* 2 y 3 limitado a 1. El *Server1* es de color amarillo para denotar que está bloqueado, y permanecerá así hasta que el *Server2* comience a trabajar en la entidad que tiene esperando. El *Server1* podrá entonces enviar su entidad terminada hacia el *buffer* de entrada del *Server2*, y comenzar a procesar la entidad que sigue.

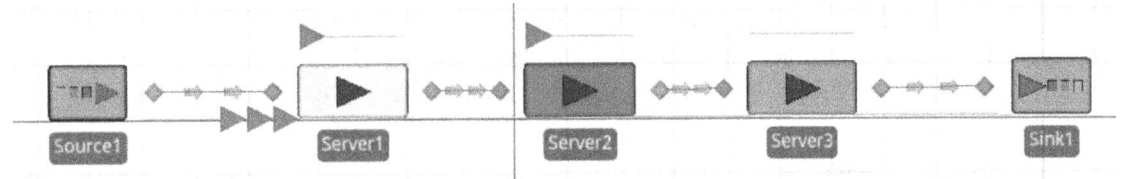

Los resultados de cada uno de los tamaños de *buffer* se muestran a continuación, junto con un gráfico que demuestra el comportamiento del WIP con respecto al tamaño de *buffer*. Podemos observar que, al incrementar el tamaño de *buffer* entre los *Server* 1 y 2 y los *Servers* 2 y 3, se tiene un impacto significativo tanto en el WIP como en el rendimiento. Si no se tienen *buffers*, el WIP es de 332 entidades, y la mayoría de ellas se encuentran formadas frente al *Server* 1. Al agregar un *buffer* de una entidad entre cada uno de los pares de *Servers*, el WIP disminuye casi en 90%, con 38 entidades en promedio. Los resultados indican que, para este ejemplo de línea de producción, tener capacidad para almacenar cuatro entidades en cada *buffer* evitaría los bloqueos y los desabastos de material, con lo que se lograría un buen desempeño.

Scenario		Replications	Controls	Responses	
☑	Name	Completed	InputBufferCapacity	WIP	Throughput
☑	Scenario1	100 of 100	0	332.016	6186.31
☑	Scenario2	100 of 100	1	38.0815	6808.25
☑	Scenario3	100 of 100	2	22.3951	6838.9
☑	Scenario4	100 of 100	4	17.5051	6844.12
☑	Scenario5	100 of 100	8	16.494	6836.47

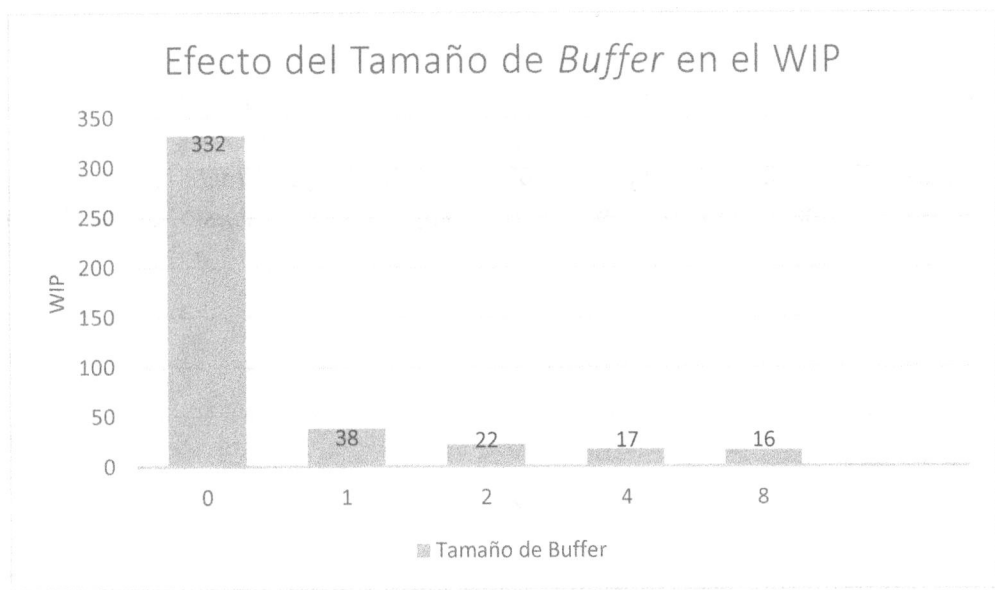

Las siguientes gráficas de pastel muestran el estatus del segundo *Server* de la línea de producción durante la corrida de simulación, con una capacidad de *buffer* de 0 (izquierda) o 1 (derecha). La parte verde denota el porcentaje de tiempo de procesamiento, la amarilla indica el tiempo ocioso por desabasto de material, y el rojo representa los bloqueos. En el primer caso, podemos observar que el *Server* tiene desabasto o está bloqueado cerca del 14% del tiempo, lo que representa una pérdida de capacidad en la línea de producción, provocando un incremento en el WIP y un decremento en el rendimiento. Al agregar espacios de *buffer* en la línea de producción, podemos observar que el porcentaje de tiempo que permanece bloqueado o con desabasto disminuye hasta poco más del 5%.

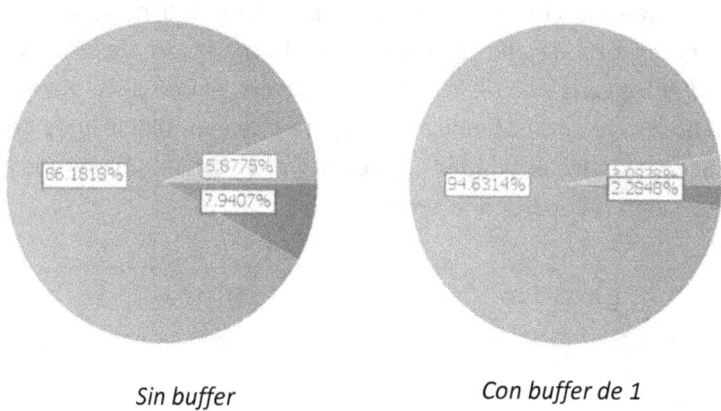

Sin buffer   Con buffer de 1

La lección de este principio es:

Agregue *buffers* para reducir los desabastos y los bloqueos.

Aunque este principio estipula que tener una mayor capacidad de *buffer* es mejor en términos de rendimiento y WIP, no indica la mejor forma para distribuir ese espacio limitado en el sistema. Nuestro siguiente principio puede apoyarnos para encontrar mejores métodos de asignación de *buffers*, en vez de asignar una misma capacidad a los *buffers* de todas las estaciones del sistema.

En muchos sistemas productivos existen una o más estaciones sobrecargadas que limitan su rendimiento. A estas estaciones se les denomina "cuellos de botella". En el contexto de producción, los cuellos de botella pueden ser máquinas costosas; en el área de la salud, pueden ser los quirófanos, equipo de imagenología y otros recursos costosos del sistema. Goldratt aborda de forma extensa la teoría de los cuellos de botella, como parte de su *Teoría de Colas* (*Theory Of Constraints*, TOC).

Si se pierde tiempo en una estación que no es un cuello de botella, ya sea por desabastos o bloqueos, puede que se tenga muy poco impacto en el rendimiento del sistema, o que no se vea afectado en lo absoluto, puesto que la estación tiene capacidad de sobra para compensar la pérdida de tiempo. Sin embargo, si esto sucede en un cuello de botella, el sistema perderá capacidad, lo cual impactará directamente en su rendimiento y en el WIP.

Este principio establece que, al colocar espacios limitados de *buffer* en un conjunto de estaciones, lo mejor es darle prioridad a los cuellos de botella, junto con cualquier estación cercana que pueda bloquearlos o dejarlos sin material. La distribución óptima de los espacios de *buffer* en las estaciones es una labor compleja, y para resolver este problema se han desarrollado diversos algoritmos. Este principio no proporciona un algoritmo específico para la distribución de los *buffers*, sino que únicamente indica que suele ser mejor dar prioridad al cuello de botella al distribuir esos espacios.

Para demostrar este principio, modelamos una línea de producción con cinco *servers*, donde el cuarto es un cuello de botella. Los *Servers* 1 y 2 son relativamente rápidos, con un tiempo de procesamiento aleatorio que sigue una distribución triangular de mínimo 0.1, moda de 0.15 y máximo de 0.2 minutos. Los Servers 3 y 5 tienen una velocidad de procesamiento moderada, según una distribución triangular de mínimo 0.1, moda de 0.2 y máximo de 0.3. El *Server* 4 es el más lento, con un tiempo de procesamiento triangular de mínimo 0.14, moda de 0.24 y máximo de 0.34 minutos. Al sistema llegan entidades de forma aleatoria, cada 0.25 minutos, de acuerdo a una distribución exponencial; por lo tanto, la utilización del *Server* 4 es de 96%, lo que lo convierte en el cuello de botella.

No tenemos *buffers* de salida; hay un *buffer* de entrada de capacidad infinita frente al *Server* 1, y dos espacios disponibles para distribuir entre el resto de los *buffers*. En el primer escenario, colocamos un espacio de *buffer* frente a los *Servers* 3 y 4, y ninguno frente a los demás. Este escenario le otorga espacio adicional de *buffer* al cuello de botella, reduciendo la probabilidad de desabasto, y en el Server que le sigue, lo que reduce el riesgo de que el cuello de botella se bloquee a causa del *Server* 5. Con base en esto, esperaríamos que este escenario (que da prioridad al cuello de botella) tenga un mejor desempeño que el segundo escenario (que da prioridad a los otros *servers*). En nuestro segundo escenario, colocamos un espacio de *buffer* frente a los *Servers* 2 y 3, y ninguno frente a 4 y 5.

La siguiente imagen muestra el minuto 5.4 de la simulación del escenario 1 (colocando *buffers* en el cuello de botella). En este punto, los Servers 1 y 2 se encuentran bloqueados (color amarillo) porque no se tiene espacio disponible en el Server 3, que está procesando una entidad. Con este diseño, la mayor parte de los bloqueos y desabastos sucede en los *Servers* 1 y 2, pero como tienen capacidad de sobra, generalmente pueden compensar el tiempo perdido. Al colocar *buffers* antes y después del *Server* 4 (el cuello de botella), mantenemos ocupada a la estación crítica de la línea de producción.

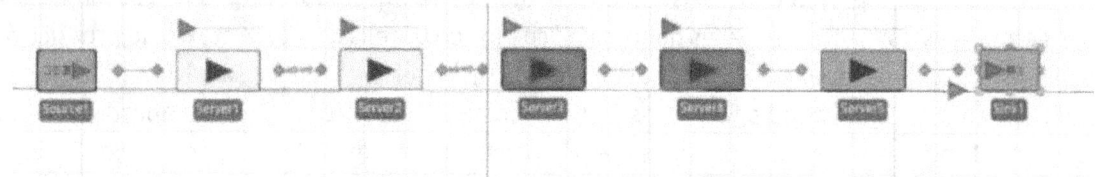

Los resultados del modelo de simulación se muestran a continuación. Note que el escenario en el que los *buffers* se colocaron en el cuello de botella tiene mayor rendimiento, y tan solo una cuarta parte del WIP del segundo escenario. Aunque el principio fue demostrado con una línea de producción simple, el concepto es aplicable también en la configuración tipo *job shop*.

Scenario		Replications	Controls				Responses	
✓	Name	Completed	Server2Buffer	Server3Buf...	Server4Buffer	Server5Buffer	Throughput	WIP
✓	BufferTheBottleneck	100 of 100	0	0	1	1	5730.92	14.7018
✓	BufferTheNonBottleneck	100 of 100	1	1	0	0	5645.82	66.4787

Las siguientes gráficas de pastel muestran el porcentaje de tiempo que el *Server* 2 (uno de los rápidos) y el 4 (el cuello de botella) estuvieron procesando (verde), esperando material (amarillo) o bloqueados (rojo). A pesar de que perdemos 5% del tiempo esperando material en el cuello de botella, este nunca se encuentra bloqueado por el *Server* 5. En contraste, el *server* rápido se encuentra 10% del tiempo esperando material, y 30% del él está bloqueado. No obstante, al ser un *server* rápido, puede usar su capacidad sobrante para compensar la pérdida de tiempo, lo que no sería posible para el cuello de botella. Esta es la razón por la que el desempeño del sistema mejora al colocar el espacio limitado de *buffer* antes y después del cuello de botella.

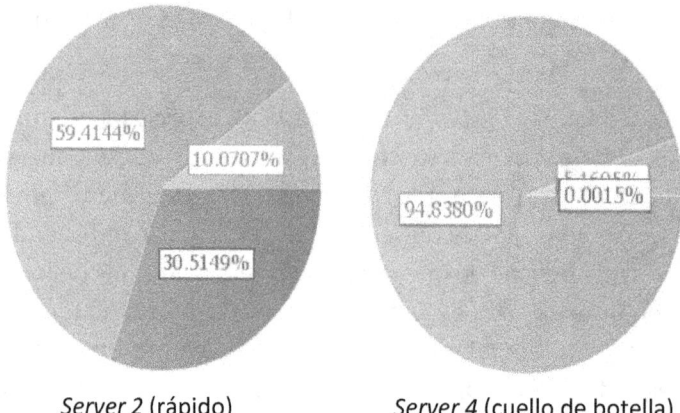

Server 2 (rápido)   Server 4 (cuello de botella)

La lección de este principio es:

Asigne espacio adicional de *buffer* alrededor de los cuellos de botella.

Esto puede implicar la necesidad de espacio adicional en los *buffers* de entrada/salida de las estaciones anteriores y posteriores al cuello de botella. Lo anterior es muy fácil de lograr en una línea de producción. Sin embargo, en una configuración tipo *job shop*, una estación puede ser abastecida por varias, dependiendo del enrutamiento de las entidades a través del sistema. De cualquier forma, este principio sigue siendo aplicable: cualquier estación que envíe una gran cantidad de entidades al cuello de botella deberá ser considerada para la distribución de *buffers*.

Un ejemplo de aplicación de este principio en el área de la salud podría ser el cálculo adecuado de la cantidad necesaria de cuartos de preparación y de recuperación para un quirófano. Tener pocos espacios de recuperación podría bloquearlo, mientras que tener pocos cuartos de preparación podría ocasionar muchos tiempos muertos.

En el Principio #9 expusimos la importancia de colocar *buffers* en los cuellos de botella para mejorar los índices de Rendimiento y WIP. Una decisión que debe tomarse al diseñar y elaborar el *layout* del sistema productivo es la distribución de esos espacios de *buffer*. La priorización de las entidades es otra decisión importante relacionada con ello. Este principio estipula que, al seleccionar las entidades que deben procesarse en las estaciones consecutivas, debemos darle prioridad a las entidades que abastecen al cuello de botella. El objetivo de este principio es el mismo que el del anterior: asegurar que el cuello de botella permanezca ocupado (nunca bloqueado o sin material), de forma que nunca se pierda capacidad durante la producción. Si permitimos que el cuello de botella se bloquee o no sea abastecido, los tiempos muertos representan una pérdida de producción, lo que se traduce en un menor Rendimiento y un mayor WIP.

Para demostrar este principio, modelamos un taller con tres *servers*, en el que se procesan dos tipos de entidades. La entidad tipo A va del *Server* 1 al 2, y termina en el 3. La entidad tipo B va del *Server* 1 al 3, sin pasar por el 2. El *Server* 2 es el más caro de los tres, y por tanto representa un cuello de botella en nuestro proceso.

Las entidades llegan al sistema aleatoriamente, cada 0.25 minutos en promedio, según una distribución exponencial. El 50% de las entidades son de tipo A, y el resto son de tipo B.

El tiempo de procesamiento en el *Server* 1 es triangular, y depende del tipo de entidad: para el tipo A, la distribución tiene un mínimo de 0.03, una moda de 0.04 y un máximo de 0.05 minutos; mientras que el tiempo requerido para las entidades tipo B es mayor, con un mínimo de 0.34, una moda de 0.44 y un máximo de 0.54 minutos. Observe que, si procesamos a las entidades en el orden FIFO en este *server*, podríamos atrasar a una entidad tipo A por el proceso más tardado de una de tipo B. Sin embargo, si atendemos primero a las entidades de tipo A, aseguramos que estas sean rápidamente procesadas por el *Server* 1 y se dirijan al *Server* 2, el cual es el cuello de botella del sistema.

El *Server* 2 tiene un tiempo de procesamiento aleatorio, según una distribución triangular de mínimo 0.39, moda 0.49 y máximo 0.59 minutos. Como las entidades llegan a este *Server* con un tiempo promedio entre llegadas de 0.5 minutos, y el tiempo promedio de procesamiento es de 0.49 minutos, este es un *Server* altamente utilizado y, por tanto, un cuello de botella. El *Server* 3 tiene un tiempo de procesamiento relativamente corto, según una distribución de mínimo 0.05, moda de 0.15 y máximo de 0.2 minutos.

Para este sistema comparamos dos escenarios. En el primer escenario, procesamos a todas las entidades en el orden en el que llegan a cada *server* (FIFO). En el segundo escenario, le damos prioridad a las entidades tipo A en el *Server* 1, con el objetivo de abastecer al cuello de botella (*Server* 2) lo más pronto posible, para reducir la probabilidad de que se quede sin trabajo y perder una capacidad que no podrá recuperarse. En la siguiente imagen se presenta el minuto 5.4 de la simulación del segundo escenario, donde se le da prioridad a las entidades de tipo A. Note que la entidad tipo A (verde) está formada frente a las de tipo B (rojo) en el *Server* 1.

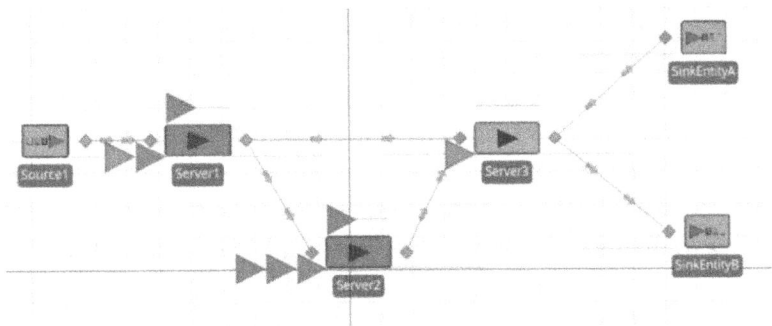

Los resultados de la simulación se resumen a continuación. Hay una ligera mejoría en el rendimiento de la entidad tipo A, y se tiene una disminución significativa en el WIP (25%) al darle prioridad a las entidades de tipo A en el *Server 1*.

Scenario		Replications	Controls	Responses		
	Name	Completed	RankingRuleServer1	WIP	Throughput A	Throughput B
✓	FIFORule	100 of 100	First In First Out	39.7539	2842.61	2869.46
✓	TypeAPriorityRule	100 of 100	Largest Value First	30.3776	2862.3	2867.51

El concepto de abastecer al cuello de botella puede ajustarse para ser aplicado solo cuando se tenga menos de un mínimo determinado de trabajo en su *buffer* de entrada. Observe que, en la imagen anterior, el *Server* 2 tiene tres entidades tipo A esperando para ser procesadas, por lo que en ese momento en específico no era necesario darles prioridad en el *Server* 1. Podríamos dar prioridad a las entidades que minimicen los *changeovers*[2], siempre que el cuello de botella tuviera suficiente trabajo; de otra forma podemos ignorar los *changeovers* y elegir una entidad que dé abasto al cuello de botella.

Es muy importante tener un buen flujo de información para implementar la estrategia de abastecer al cuello de botella sólo cuando esté en riesgo de quedarse sin material. En el sistema se debe incluir una manera de informar a las estaciones anteriores que el material está a punto de terminarse en el cuello de botella, de forma que se puedan tomar decisiones en tiempo real para evitar su desabasto.

La lección de este principio es:

Mantenga ocupados a los cuellos de botella.

Para lograrlo, asegúrese de que las reglas de selección de entidades aseguren que los cuellos de botella no tengan desabasto de material por las decisiones tomadas en las estaciones anteriores. El siguiente principio se refiere a la minimización de *changeovers* al elegir a las entidades.

---

[2] N.T: entiéndase por *changeover* toda modificación que se realice para pasar de procesar una entidad a otra.

En algunos sistemas, existen costos relacionados con el cambio de proceso de un tipo de entidad a otro (*changeover*). Los *changeovers* suelen definirse como el tiempo requerido para modificar una estación para que procese a una entidad diferente. Esto es común en el contexto de manufactura, cuando una máquina requiere un cambio de herramienta para cada tipo de parte. El costo relacionado a estos cambios puede ser expresado de muchas formas. La más sencilla de ellas define un costo por procesar el mismo tipo de entidad que el anterior, y un segundo costo cuando se cambia de tipo de entidad. Otra forma de expresarlo es a través de una matriz que define los costos relacionados por cualquiera de los posibles cambios entre tipos de entidades. Este principio establece que, sin importar cómo se definan los *changeovers*, las reglas de operación que los minimicen incrementarán el rendimiento del sistema y reducirán el WIP.

La premisa básica de este principio es que, al eliminar los *changeovers*, incrementamos el tiempo de producción disponible en la estación. Esto permite procesar más entidades, lo que reduce el WIP.

Para demostrar este principio, modelamos una única *Workstation* que procesa dos tipos de entidades: A y B. La siguiente matriz muestra los tiempos de *changeover*, en minutos, de ambos tipos:

From/To	A	B
A	.2	.8
B	.6	.1

Las entidades llegan al *server* de forma aleatoria, con un tiempo promedio entre llegadas de 0.7 minutos, que se encuentra distribuido exponencialmente. El 50% de las entidades son de tipo A, y el 50% restante son de tipo B. El tiempo de procesamiento para ambas entidades sigue una distribución triangular, con mínimo de 0.3, moda de 0.5 y máximo de 0.8 minutos en el caso del tipo A, y de 0.2, 0.4 y 0.7 minutos para el tipo B.

Para este sistema comparamos dos escenarios. En el primero, procesamos entidades en el orden en el que llegan (FIFO). En el segundo, utilizamos una selección dinámica en la que escogemos a la entidad con el menor tiempo de *setup* en el *server*.

La siguiente imagen muestra el minuto 6.6 del modelo de simulación. La *Workstation* se encuentra procesando una entidad de tipo A (verde), y el *buffer* de entrada contiene una entidad de este tipo, seguida de una B (rojo), seguida de otra A. Si las procesamos en el orden de llegada (FIFO), tendremos que efectuar dos *changeovers*: primero de A a B, y luego de regreso a A. Sin embargo, si empleamos una decisión dinámica buscando minimizar los *setups*, primero procesaríamos las dos entidades tipo A que se encuentran en el *buffer* de entrada, seguidas de la de tipo B, con lo cual sólo tendríamos que efectuar un único *changeover*.

Como lo demuestran los siguientes resultados, la selección dinámica del tiempo mínimo de *changeover* tiene un desempeño significativamente mejor que el de la regla FIFO. Podemos observar un incremento muy marcado en el rendimiento (30%), así como una reducción dramática del WIP (96%).

Scenario		Replications	Controls	Responses	
✓	Name	Completed	DynamicSelectionExpression	Throughput	WIP
✓	FIFO	10 of 10	Entity.TimeCreated	1584.9	245.319
✓	SmallestChangeover	10 of 10	Workstation1.ActualSetupTime	2026.8	8.941

El beneficio de minimizar los *changeovers* será mayor en las estaciones con utilización alta, donde cualquier aumento de la disponibildad incrementará directamente el rendimiento, y reducirá el WIP.

Otra forma de expresar este principio es "agrupar los artículos con características similares". En el contexto de manufactura, esto significa procesar todas las partes del mismo tipo antes de cambiar a otro; mientras que en el ámbito de la salud, esto podría implicar la atención en grupo de pacientes con padecimientos similares, antes de pasar al siguiente conjunto.

Una estrategia que minimiza los *changeovers* tiene el mismo problema que el de la regla del Tiempo de Procesamiento más Corto: puede provocar que ciertas entidades tengan que esperar demasiado antes de ser procesadas. Una entidad puede quedarse en la fila por mucho tiempo porque su preparación en la estación de trabajo es tardada, y se le podría seguir dando prioridad a otras entidades que tarden menos. Este problema puede resolverse a través de una regla híbrida, donde seleccionemos la entidad con menor tiempo de *changeover* a menos que una entidad haya superado un tiempo límite de espera.

En algunos casos, las tareas que se desempeñan en una estación pueden ser realizadas en paralelo por dos o más estaciones. En este caso, podría resultar benéfico incurrir en preparaciones adicionales en las estaciones paralelas para distribuir las tareas entre ellas y terminar el trabajo en menos tiempo. Discutiremos este aspecto en el principio 12.

La lección de este principio es:

Minimice los *changeover* para maximizar el rendimiento.

Si el rendimiento no es un KPI primario, se deben considerar estrategias híbridas de selección que combinen los tiempos de preparación con otros criterios, como el máximo tiempo de espera o las entregas oportunas.

En el Principio #11, discutimos las ventajas de seleccionar la entidad a procesar que minimice el tiempo de *changeover*. Bajo ciertas condiciones, es mejor realizar preparativos adicionales que permitan dividir un trabajo entre muchas estaciones paralelas.

No todas las tareas pueden dividirse. Por ejemplo, el maquinado de una pieza o los estudios de Rayos-X de un paciente no pueden ser divididos fácilmente para terminar el trabajo más rápido. No obstante, si la tarea es procesar un lote de 100 partes, podemos simplemente trabajar 50 en una estación y las restantes en otra, o dividir el lote en cuatro sub-lotes de 25 piezas para que lo procesen cuatro estaciones en paralelo.

Para que la división del trabajo rinda frutos, las estaciones alternativas no deben de ser cuellos de botella. Si realizamos preparaciones extra para realizar la operación o enviamos más trabajo a un cuello de botella, perjudicamos la capacidad total del sistema productivo. La decisión de dividir el trabajo sería benéfica para la entidad involucrada, pero perjudicial para las otras entidades que deban procesarse en esas estaciones. Por otro lado, si realizamos trabajos extra en una estación poco utilizada, tendremos un impacto mínimo en la capacidad productiva del sistema.

Cuando las condiciones son adecuadas, la división del trabajo incrementará el rendimiento, reducirá el WIP y mejorará el índice de entregas oportunas.

Para demostrar cómo este principio funciona para mejorar los procesos, modelaremos un sistema sencillo de dos *servers* que procesan dos tipos de entidades. Las entidades llegan al sistema cada 0.15 minutos, según una distribución exponencial, y el 80% de estas son de tipo A, mientras el 20% restante son de tipo B. El tiempo de procesamiento para la entidad tipo A en el *Server* 1 y la entidad tipo B en el *Server* 2 es aleatorio, de acuerdo a una distribución triangular con mínimo de 0.1, moda de 0.2 y máximo de 0.3 minutos. Si el *Server* 2 se encuentra disponible cuando las entidades de tipo A comienzan a ser procesadas en el *Server* 1, es posible dividir el trabajo entre ambos *servers*. En este caso, el tiempo de procesamiento necesario para cada entidad se reduce a 60% del original.

Evaluaremos dos escenarios para este sistema. En el primer escenario, permitiremos la división del trabajo de las entidades tipo A entre los dos *servers*, cuando el *Server* 2 esté disponible. En el segundo escenario, no permitimos esa división: las entidades de tipo A se procesan únicamente en el *Server* 1, y las de tipo B son procesadas solo por el *Server* 2.

La siguiente imagen muestra el minuto 3.6 de la corrida de simulación bajo el primer escenario, en el que permitimos la división del trabajo. Las entidades entran por el *Source* y elijen uno de los *paths*, según una probabilidad de 80% para el *Server* 1, y de 20% para el *Server* 2. Las entidades enviadas al *Server* 1 son de tipo A, y esperan su turno para ser procesadas por este *server*. Agregamos lógica adicional de programación en el *Server* 1 para que revise el estatus del *Server* 2 y, si se encuentra disponible, lo capture como un recurso secundario para procesar las entidades tipo A, reajustando el tiempo de procesamiento a 60% del tiempo requerido normalmente. Durante este proceso, si una entidad tipo B llega al *Server* 2, deberá esperar a que este termine de ayudar al *Server* 1 con las entidades tipo A. Observe que, en la imagen, tanto el *Server* 1 como el *Server* 2 se muestran de color verde, indicando que ambos se encuentran procesando a la entidad que está en la fila de procesamiento del *Server* 1, y que no hay entidades tipo B en el *Server* 2.

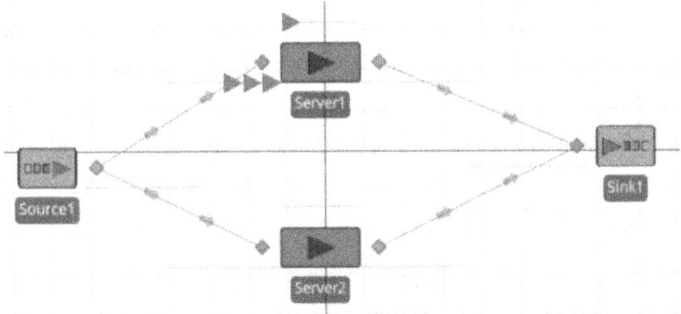

Los resultados de ambos escenarios se muestran a continuación. En el caso de este sencillo ejemplo, la división del trabajo incrementó el rendimiento y provocó una reducción dramática (99%) del WIP.

Scenario		Replications	Controls	Responses	
✓	Name	Completed	AllowTaskSplitting	Throughput	WIP
✓	TaskSplitting	10 of 10	✓	9579	2.92934
✓	NoTaskSplitting	10 of 10	☐	9118.9	236.643

La lección de este principio es:

Divida el trabajo entre las estaciones paralelas para aprovechar los recursos disponibles.

Esta estrategia funciona mejor cuando las estaciones no son cuellos de botella y no se requieren tiempos extra de preparación ni complicaciones adicionales (o son mínimos) para realizar la división del trabajo. La estrategia puede ser útil tanto para incrementar el rendimiento del sistema como para concluir la producción a tiempo. En este último caso, asignamos una prioridad mayor a la división del trabajo con base en una medida de tiempo, como puede ser la holgura que se tiene para la fecha de entrega de la entidad.

Los trabajadores son un elemento costoso y crítico para muchos sistemas productivos y de servicios: en el contexto de manufactura, los operadores que realizan el *setup* de las máquinas, ensamblan componentes, monitorean, inspeccionan las partes, etc.; para el caso de los servicios, el personal que realiza algún tipo de servicio para el cliente, como revisar la presión sanguínea y el ritmo cardiaco, o interpretar una placa de Rayos-X. Los trabajadores pueden dedicarse por completo a una estación en específico, como una máquina o un cuarto de examen, o atender varias estaciones.

Este principio estipula que, al añadir flexibilidad a los trabajadores, mejoraremos el desempeño del sistema: percibiremos un incremento en el rendimiento y una reducción del WIP, además de que mejoraremos los índices de entregas oportunas.

Para demostrar este principio, modelamos un sistema productivo sencillo con cuatro *workstations*, a los que llegan las entidades para ser procesadas. Cada entidad requiere que un *worker* la prepare en la *workstation*, lo cual le toma un tiempo aleatorio, según una distribución triangular de mínimo 0, moda de 0.2 y máximo de 0.4 horas. El procesamiento es automático (no requiere de un operador), y sigue una distribución triangular de mínimo 0.1, moda 0.2 y máximo 0.3 horas. Las entidades entran al sistema de forma aleatoria, cada 0.1 horas en promedio, de acuerdo a una distribución exponencial, y son enviadas aleatoriamente a una de las cuatro *workstation.* Hay dos operadores para realizar la preparación de las entidades, y cada una de ellas requiere una *workstation* y un *worker* para poder comenzar el proceso.

Consideramos dos escenarios. En el primero, el *Worker* 1 se dedica exclusivamente a las *Workstation* 1 y 2, mientras que el *Worker* 2 atiende solo a las *Workstation* 3 y 4. En el segundo escenario, ambos *workers* son entrenados para atender a cualquiera de las cuatro *workstations,* de forma flexible. En ambos casos, el *worker* disponible elegirá a la *workstation* más cercana que requiera su servicio. Con base en este principio, esperaríamos que el segundo escenario (operadores flexibles) se desempeñara mejor.

La siguiente imagen muestra el minuto 40.2 de la corrida de simulación del escenario 1. Las entidades entran por el *Source* y son enviadas a una de las cuatro *workstations,* donde son preparadas y procesadas, para después dirigirse al *Sink* y salir del sistema. En este momento, el *Worker* 1 está ocupado (color verde) realizando preparativos en la *Workstation* 1. La 2 requiere preparación, pero se mantiene en espera (color amarillo) porque el *Worker* 1 no está disponible, y no puede comenzar a trabajar. La Workstation 3 está ocupada y tiene a tres entidades en espera. Tanto la *Workstation* 4 (gris) como el *Worker* 2 (azul) están libres. Observe que tenemos una *workstation* que requiere preparación (*Workstation* 2) y un *worker* disponible (*Worker* 2), pero como este no fue entrenado para hacer dicho trabajo, la preparación debe esperar hasta que el *Worker* 1 se desocupe. Esto no ocurriría en el segundo escenario (operadores flexibles); por lo tanto, esperamos un mejor desempeño en este caso. Note que en el primer escenario tenemos dos categorías de trabajadores, mientras que en el segundo se tiene una categoría única. El desempeño mejora al reducir la cantidad de categorías de entrenamiento de los trabajadores a través del *cross-training*[3].

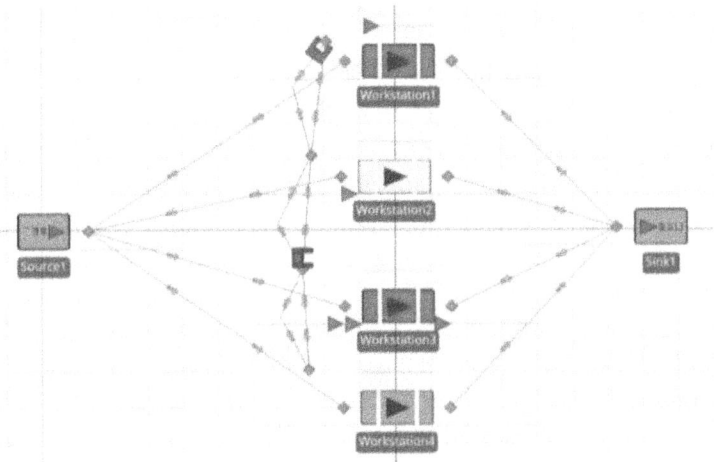

Los resultados se muestran a continuación. Como era de esperarse, los operadores flexibles mejoraron el rendimiento y disminuyeron el WIP.

Scenario		Replications	Controls				Responses	
✓	Name	Completed	WS1WorkerList	WS2WorkerList	WS3WorkerList	WS4WorkerList	Throughput	WIP
✓	DedicatedWorkers	100 of 100	Worker1Only	Worker1Only	Worker2Only	Worker2Only	199.2	27.2381
✓	FlexibleWorkers	100 of 100	Worker1And2	Worker1And2	Worker1And2	Worker1And2	204.01	25.5585

La lección de este principio es:

Reduzca la cantidad de categorías de trabajadores a través del *cross-training*.

Obviamente existen algunas restricciones para este principio. Por ejemplo, los trabajadores flexibles pueden ser más costosos, y algunas tareas (como la cirugía cerebral) pueden requerir un grado de habilidad tal que el *cross-training* resulte poco práctico. De cualquier forma, reducir el número de categorías de trabajadores mejorará el desempeño de muchos sistemas.

En las compañías aéreas podemos encontrar un ejemplo de ello. Anteriormente se contaba con personal específico para limpiar los aviones antes del abordaje de pasajeros. No obstante, existían demoras al tener que esperar que este personal llegara al sitio. A través del *cross-training* de los asistentes de vuelo para que pudieran limpiar la cabina entre vuelos, se eliminó ese tiempo de espera. Los resultados fueron un tiempo de respuesta más rápido para los aviones, menor cantidad de vuelos atrasados para los pasajeros, y mayor productividad y rentabilidad para la aerolínea.

---

[3] N.T: *Cross-training* hace referencia al entrenamiento del personal de forma que pueda desempeñarse correctamente en distintas actividades.

Los *buffers* pueden jugar un rol importante para mejorar el desempeño de un sistema. Este principio establece que, mientras se tenga la misma capacidad de *buffer*, el desempeño de un sistema con *buffer* compartido será mejor que el que pueda tener uno con *buffers* dedicados para cada estación. La implementación de esta estrategia depende de un correcto *layout*. En una clínica de salud, se puede tener un único cuarto de espera para dos o más consultorios médicos. En una celda de manufactura, las máquinas pueden colocarse alrededor de un *buffer* central compartido.

Para demostrar este principio, modelamos un sistema con dos *servers* y dos espacios de *buffer* disponibles. La mitad de los clientes que llegan son enviados al *Server* 1, mientras que la otra mitad es atendida por el *Server* 2. Las entidades abandonan el sistema inmediatamente si los *buffers* están ocupados, y son consideradas como clientes perdidos. En el primer escenario, colocamos un espacio de *buffer* dedicado frente a cada *server*. En el segundo, tenemos un área común de *buffer* con capacidad de 2, que puede albergar entidades de cualquiera de los dos *servers*, de forma similar a un cuarto de espera común para dos oficinas. Las entidades llegan al sistema cada 0.18 minutos, según una distribución exponencial. El tiempo de procesamiento de las entidades en cada *server* es aleatorio, de acuerdo a una distribución triangular de mínimo 0.1, moda de 0.2 y máximo de 0.3 minutos.

Modelamos el sistema con un *server* llamado *SharedBuffer*, con capacidad de 2 y tiempo de procesamiento de 0, para representar el área compartida de *buffer*. Utilizamos un control *booleano* (verdadero/falso) llamado *UseCommonArea* para dirigir a las entidades, ya sea al área de espera dedicado de cada *server*, o al área compartida de *buffer*, dependiendo del escenario. En el caso del *buffer* compartido, cuando está lleno enviamos a las entidades directamente al *sink LostCustomers*; en el caso de los *buffers* dedicados, los clientes son enviados al *sink* si el *buffer* que les corresponde está lleno.

La siguiente imagen muestra el minuto 5.4 de la corrida del escenario 2 (*UseCommonBuffer* es verdadero). En este punto, el *Server* 1 está procesando a un cliente, el *Server* 2 está libre, y tenemos dos clientes en el *buffer* compartido, esperando a ser procesados por el *Server* 1. Note que, en el caso de los *buffers* dedicados, nuestro segundo cliente en espera hubiera sido un cliente perdido, ya que sólo se tendría un espacio de *buffer* para el *Server* 1.

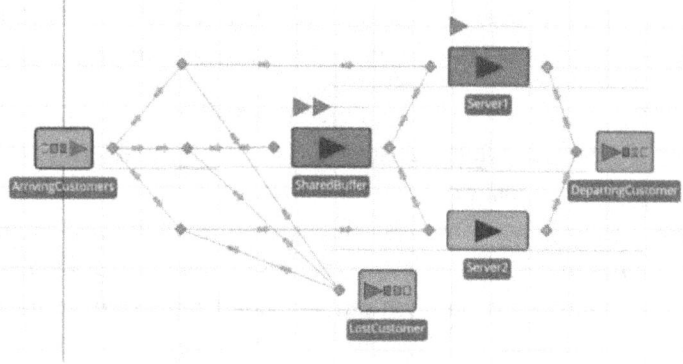

Los resultados de ambos escenarios se resumen a continuación. En el primer escenario, cancelamos el área común, y cada *buffer* dedicado tiene capacidad de 1. En el escenario 2, permitimos el uso del área compartida (que puede albergar hasta 2 entidades de cualquiera de los *servers*) y la capacidad de los *buffers* dedicados es de 0.

Scenario		Replications	Controls		Responses		
✓	Name	Completed	UseCommonA...	LocalBuffer	WIP	Throughput	LostCustomers
✓	DedicatedBuffers	10 of 10	☐	1	1.28108	7068.2	965.4
✓	SharedBuffer	10 of 10	✓	0	1.4764	7352.5	645.8

Al compartir los dos espacios de *buffer* entre los *servers*, tenemos menos clientes perdidos y un mayor rendimiento. También tuvimos un ligero incremento en el WIP, como resultado de nuestra habilidad para atender de forma flexible a los clientes en espera; por lo tanto, en promedio, tenemos más clientes en espera que clientes perdidos.

La lección de este principio es:

Establezca *buffers* compartidos para varias estaciones.

En general, la flexibilidad mejora el desempeño. Anteriormente hemos discutido cómo la flexibilidad de mano de obra y de los *buffers* mejora el desempeño. Este principio establece que las estaciones flexibles también mejorarán el desempeño del sistema.

Un ejemplo de estación flexible es una máquina de control numérico con un portaherramientas incorporado. Esta máquina puede realizar el *setup* y el procesamiento de distintos tipos de entidades.

Para demostrar este principio, modelaremos un sistema con dos *servers* que procesan dos tipos de entidades. En el primer escenario, los *servers* son flexibles; es decir, cada máquina puede procesar cualquier tipo de entidad. En el segundo escenario se tienen máquinas dedicadas, y cada una de ellas procesa un solo tipo de entidad. Las entidades llegan de forma aleatoria, cada 0.11 minutos en promedio, según una distribución exponencial. El tiempo de procesamiento de cualquier entidad en cualquiera de los *servers* está distribuido de forma triangular, con un mínimo de 0.1, moda de 0.2 y máximo de 0.3 minutos. Los dos tipos de entidades tienen igual probabilidad de entrar al sistema, y lo hacen de forma aleatoria.

En nuestro modelo empleamos una variable de control booleana (verdadero/falso), llamada *FexibleServers*, para controlar el enrutamiento de las entidades hacia los *servers*. Si esta variable es verdadera (Escenario 1), la entidad se dirige al *server* con menor carga de trabajo, dado que cualquiera de ellos puede procesarla. En cambio, si la variable es falsa (Escenario 2), la entidad es enviada únicamente al *server* que puede procesarla.

La siguiente imagen muestra el minuto 2.4 de la corrida de simulación del Escenario 2 (*servers* dedicados). En este punto, el *Server* 1 está ocupado y tiene cuatro entidades en espera, mientras que el *Server* 2 está disponible. Como el *Server* 2 no puede procesar el primer tipo de entidad, estas deben esperar a ser atendidas en el *Server* 1.

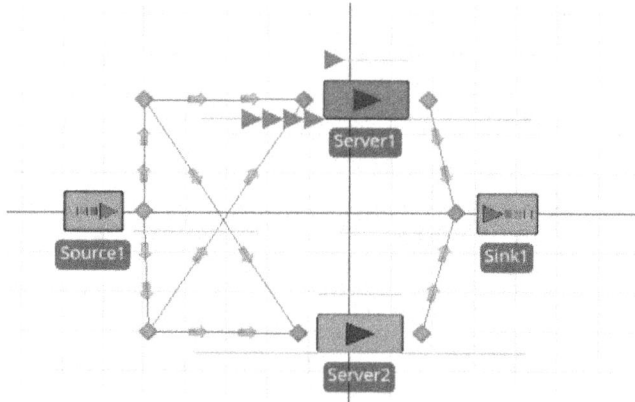

Los resultados de estos escenarios se muestran a continuación. En el caso de los *servers* flexibles, se tiene un WIP significativamente menor, con el mismo rendimiento. La diferencia entre estos sistemas sería más marcada si la proporción entre ambos tipos de entidades fuera distinta.

Scenario		Replications	Controls	Responses	
☑	Name	Completed	FlexibleServers	WIP	Throughput
☑	Flexible Servers	100 of 100	☑	6.36162	13081.4
☑	Dedicated Servers	100 of 100	☐	11.1793	13074.2

Además del mejoramiento de nuestros KPIs, las estaciones flexibles presentan otras ventajas sobre las estaciones dedicadas. Si una estación dedicada fallara en el segundo escenario, ya no podríamos procesar las entidades que requieran esa operación hasta que el problema fuera solucionado. En el caso del escenario 1, la avería en una de las estaciones flexibles no evitaría que las entidades fueran procesadas. Las estaciones flexibles también facilitan la introducción de nuevas entidades al sistema. Por ejemplo, un arreglo flexible de las estaciones de cocina en un restaurante de comida rápida permite incluir nuevos menús de forma sencilla. Finalmente, las estaciones flexibles hacen posible reducir la cantidad de estaciones, ya que al compartir los equipos, se reducen los requerimientos de capacidad.

La lección de este principio es:

Utilice más estaciones flexibles.

En el contexto de producción, tener una estación flexible implica la adquisición de maquinaria flexible; mientras que en el ámbito de los servicios, este escenario suele involucrar entrenamiento de personal, sistemas de apoyo en línea u otras formas de contactar a especialistas en un tema determinado, y en algunas ocasiones equipo adicional. A pesar de que las estaciones flexibles pueden ser más costosas que las dedicadas, sus ventajas compensan el costo adicional.

En un sistema productivo, hay ocasiones en las que una estación procesa a una entidad que representa a N objetos individuales. Por ejemplo, una entidad puede estar conformada por varias (N) piezas de trabajo, y cada una de ellas debe ser procesada de manera individual en la estación. En este caso, es posible que se necesite realizar un proceso de preparación al principio del lote, pero no para cada pieza individual. Una vez que la estación ha procesado el lote completo, este es trasladado a la estación que sigue. El principio establece que se puede mejorar el desempeño del sistema al trasladar el lote por medio de sub-lotes más pequeños, de un tamaño definido específicamente para su transporte. Por ejemplo, un lote de 100 objetos puede ser movido en sub-lotes de 10. De esta manera, los lotes pueden comenzar a ser procesados antes, sin necesidad de esperar a que los 100 objetos sean terminados.

Dependiendo de cómo se realice el transporte (un trabajador que lleva las piezas, a través de un montacargas, etc.), esta forma de transferencia puede traducirse en una carga de trabajo extra para los recursos de transporte. Por lo tanto, la transferencia por lotes solo es útil si los recursos de transporte están disponibles rápidamente, y la estación siguiente está lista para procesar.

El traslado por lotes tiene mayor impacto en el desempeño cuando la estación que sigue es un cuello de botella. Al transportar los sub-lotes, podemos abastecer al cuello de botella sin tener que esperar a que todo el lote sea completado en la estación anterior.

Para demostrar este principio, modelamos una línea de producción con dos *servers*. Al llegar al primer *server*, las entidades representan un lote de 10 piezas, las cuales son procesadas de una en una. El tiempo de procesamiento por pieza es aleatorio, con una distribución triangular de mínimo 20, moda de 30 y máximo de 40 minutos. Una vez que el lote está completo, se mueve hacia el *server* siguiente, donde el tiempo de procesamiento por pieza también es triangular, con mínimo de 10, moda de 30 y máximo de 50 minutos. Los lotes llegan de forma aleatoria a la línea de producción cada 6 horas en promedio, de acuerdo a una distribución exponencial. Los lotes deben ser entregados 16 horas después de que hayan entrado al sistema.

Evaluaremos este sistema contra uno en el que se implementa una transferencia por sub-lotes de una entidad; es decir, cada vez que se termine de procesar una pieza, esta será transportada hacia el segundo *server*.

La siguiente imagen muestra las 3.47 horas de la corrida de simulación del modelo con trasferencia por sub-lotes. Cada entidad que representa un lote de 10 piezas llega al *Separator*, donde se divide en 10 entidades que viajan a través de los dos *servers*, y luego estas 10 entidades se reagrupan con la entidad original cuando todo el lote está completo. Por lo tanto, este modelo permite que las entidades del lote sean procesadas individualmente en los *Servers* 1 y 2, sin que tengan que esperar a que todo el lote sea completado en cada *server*.

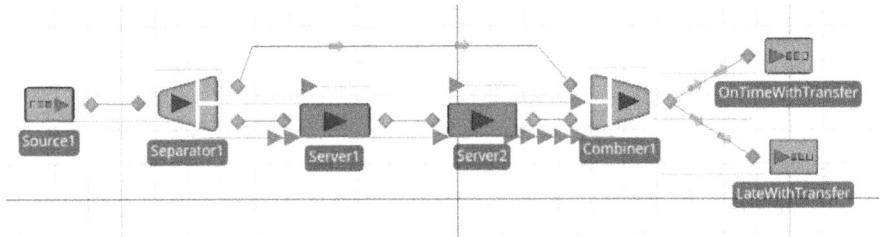

Los resultados de estas dos alternativas (*No Transfer* y *With Transfer*) se resumen a continuación. Como podemos observar, el traslado de entidades por sub-lotes ha mejorado tanto la cantidad de entregas oportunas como el WIP.

Scenario		Replications	Responses					
☑	Name	Completed	LateNoTransfer	LateWithTransfer	OnTimeNoTransfer	OnTimeWithTransfer	WIPNoTransfer	WIPWithTransfer
☑	TransferBatching	100 of 100	19.55	13.61	20.07	26.88	2.92557	2.45989

La lección de este principio es:

Cuando tenga que procesar lotes, implemente el traslado por sub-lotes.

No hay que olvidar que la transferencia por sub-lotes requiere de maniobras adicionales para mover los lotes más pequeños. En el contexto de manufactura, esto puede involucrar más viajes para el montacargas, mientras que en el área de la salud se pueden requerir más desplazamientos entre la clínica y los laboratorios. Estos traslados adicionales incrementarán los costos, pero mejorarán el desempeño del proceso. El valor de este principio dependerá de que el aumento de productividad compense el costo adicional. Esta estrategia resulta más efectiva en situaciones donde las estaciones siguientes son cuellos de botella.

Un área donde la variabilidad puede perjudicar gravemente el desempeño del sistema es la fiabilidad de las estaciones. Los paros de línea no programados pueden causar estragos en los planes de producción. El mantenimiento preventivo (PM) es una estrategia para reducir el impacto de los paros de línea, al alargar el tiempo entre cada evento. Por ejemplo, si cambiamos una herramienta antes de que se rompa, en vez de esperar a que lo haga (lo cual puede suceder de forma aleatoria), reduciremos la probabilidad de un imprevisto. Al programar mantenimiento preventivo, reducimos esta fuente de variabilidad en el sistema y, por ende, el WIP disminuye, el rendimiento aumenta, y se mejora el índice de entregas oportunas.

A pesar de que no sabemos cuándo puede fallar una estación, sí podemos elegir el momento para realizar mantenimiento preventivo. En muchos casos, podemos programar el mantenimiento en periodos no laborales, cuando no interferimos con los periodos de producción normales. Incluso cuando el mantenimiento debe hacerse durante estos periodos, la estación estará parada menos tiempo que si se tuviera que reparar una falla. Esto se debe a que, al planear el mantenimiento, todos los recursos (trabajador, refacciones, etc.) están listos y disponibles en el momento programado, lo que no sucede con las fallas aleatorias.

El impacto de la estrategia de mantenimiento preventivo depende de los detalles del sistema, en especial de su capacidad para extender el tiempo entre fallas aleatorias. No obstante, en la mayoría de los casos, esta estrategia puede tener un impacto significativo en el desempeño del sistema.

Para demostrar este principio, modelamos un sistema de un solo *server* con fallas aleatorias que ocurren según una distribución triangular de mínimo 14, moda 16 y máximo de 18 horas. Si ocurre una falla, el tiempo de reparación puede durar un mínimo de 2, moda de 4 y máximo de 6 horas, de acuerdo a una distribución triangular. Las entidades llegan al sistema de acuerdo a una distribución exponencial de media de 0.23 minutos, y son procesadas en el *server* con un tiempo aleatorio de distribución triangular, con mínimo de 0.1, moda de 0.2 y máximo de 0.3 minutos.

Comparamos dos escenarios. En el primero ejecutamos el modelo "como es", con las fallas aleatorias. En el segundo escenario, detenemos el *server* cada 6 horas durante 15 minutos, para realizar el mantenimiento preventivo, y asumimos que esto duplicará el tiempo entre fallas a un mínimo de 28, moda de 32 y máximo de 46 horas. En la vida real, no es raro que el mantenimiento preventivo tenga un impacto mucho más marcado en el tiempo entre fallas. También asumimos que el mantenimiento se realiza durante los periodos normales de producción, cuando en muchos sistemas reales se lleva a cabo fuera de turno.

Modelamos el mantenimiento preventivo al introducir una nueva entidad que representa esta actividad, la cual entra al sistema a través del *Source* 2. En el escenario *Without* PM, limitamos el número de estas entidades a 0, y asignamos el menor tiempo entre fallas. En el otro escenario, cambiamos el número máximo de estas entidades a infinito, y asignamos el mayor tiempo entre fallas. La entidad PM tiene mayor prioridad en el *server*, y se adelantará a cualquier entidad normal que llegue al sistema a través del *Source* 1, aunque podría tener que esperar en el *buffer* si el *server* está ocupado. La siguiente imagen muestra un momento cercano al inicio de la corrida de simulación del escenario *With* PM. En este punto, el *server* está ocupado procesando una entidad normal (color verde) y una entidad de PM (roja) está al principio de la fila, en espera de ser procesada.

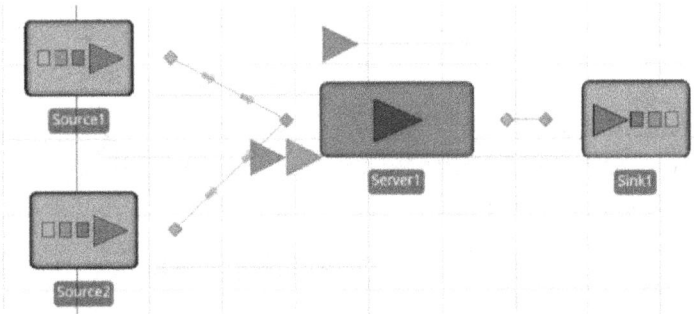

Los resultados para este ejemplo se resumen a continuación. En este ejemplo, la estrategia de mantenimiento preventivo muestra un WIP significativamente menor (95%), así como un aumento considerable en el rendimiento (20%). Estas mejoras se deben a la reducción del impacto que las fallas aleatorias tienen en el sistema, a través de un programa de mantenimiento preventivo. El impacto de esta estrategia en su sistema dependerá de algunos detalles del mismo, pero con frecuencia es posible tener mejoras significativas en la producción a través de ella.

Scenario		Replications	Controls		Responses	
✓	Name	Completed	MaximumPMS	UptimeBetweenFailures (Hours)	WIP	Throughput
✓	WithPM	10 of 10	Infinity	Random.Triangular(28, 32, 46)	13.6823	6161.6
✓	WithoutPM	10 of 10	0	Random.Triangular(14, 16, 18)	209.953	5447

El valor del programa de mantenimiento preventivo se deriva de su capacidad para reducir la variación del sistema. Esto es aplicable tanto en sistemas de producción como de servicios.

La lección de este principio es:

Reduzca las fallas de las estaciones a través del mantenimiento preventivo.

Reducir el número de pasos de un proceso puede reducir su variabilidad, y por tanto mejorar el desempeño del sistema.

La teoría básica de probabilidad dice que, para determinada cantidad de pasos dentro de una secuencia, el tiempo total de procesamiento tendrá una varianza igual a la suma de las varianzas de cada paso. Si agrupamos pasos sin incrementar su variabilidad, reduciremos la varianza del tiempo total de procesamiento, puesto que se deben sumar menos varianzas.

Para demostrar este principio, modelamos un escenario que comprende cuatro pasos en una secuencia, donde cada paso tiene un tiempo de procesamiento aleatorio, de distribución triangular, con mínimo de 0.1, moda de 0.2 y máximo de 0.3 minutos. Las entidades llegan al sistema cada 0.25 minutos en promedio, siguiendo una distribución exponencial. Hay cuatro *servers* que procesan a las entidades. Compararemos esta situación con la del escenario 2, donde consolidamos los pasos 1 y 2 en uno solo, y los pasos 3 y 4 en otro. En este caso, ambos pasos son independientes, y tardan según una distribución triangular de mínimo 0.3, moda 0.4 y máximo 0.5 minutos. Observe que incrementamos el tiempo de procesamiento para llegar a un valor promedio de 0.4, pero conservamos la desviación de ±0.1 minuto. Para conservar la capacidad del proceso en el segundo escenario, asignamos una capacidad de dos a cada uno de los *servers*, manteniendo el rendimiento de cuatro *servers*, igual que en la secuencia de cuatro pasos.

Para modelar este sistema, usamos dos enrutamientos diferentes. En el primero, la entidad viaja del *Server* 1 al 2, y luego al *Sink*. En el segundo, la entidad debe pasar por los cuatro *servers* antes de entrar al *Sink*. Al cambiar la ruta, la capacidad de los *servers* y los tiempos de procesamiento, podemos configurar el modelo a cualquiera de los dos escenarios. La siguiente imagen muestra el modelo configurado para el escenario de dos pasos. Note que hay dos entidades siendo procesadas en el *Server* 2.

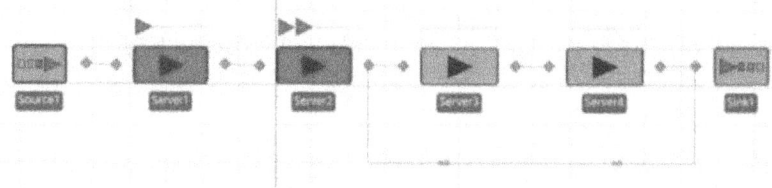

La siguiente tabla resume el resultado de ambos escenarios.

Scenario		Replications	Controls			Responses	
✓	Name	Completed	EntityRouting	ProcessingTime (Minutes)	ServerCapacity	WIP	Throughput
✓	Four Steps	10 of 10	Four Steps	Random.Triangular(.1,.2,.3)	1	5.85082	5728.3
✓	Two Steps	10 of 10	Two Steps	Random.Triangular(.3,.4,.5)	2	4.75556	5724

En el primer escenario, una falla en cualquiera de los *servers* detiene la producción de la línea entera. El segundo escenario, de dos pasos, provee estabilidad ante alguna falla. Como hay dos *servers* idénticos para cualquiera de los dos pasos, si alguno de ellos falla, la producción no se detiene, así que este aspecto tiene menor impacto en el desempeño general del sistema. Como era de esperarse, el escenario de dos pasos tiene un WIP significativamente menor, con aproximadamente el mismo rendimiento.

La lección de este principio es:

Reduzca la cantidad de pasos de una línea de producción o de un *job shop*.

En el Principio #18, demostramos cómo podemos incrementar la productividad del sistema al reducir la cantidad de pasos que se realizan en diversas estaciones. Este principio es similar, puesto que está relacionado con la reducción de tareas de una actividad compleja que se realiza en una sola estación. Esto mejorará el desempeño del sistema, aun si el tiempo total de la actividad permanece igual.

Cualquier operación de ensamble es una actividad compleja, ya que cada componente que debe añadirse representa una tarea independiente. Armar una bicicleta es una muestra de ello. En el área de la salud, un ejemplo podría ser la atención de pacientes con laceraciones en el departamento de urgencias, ya que implica varias tareas, como limpiar la herida, anestesiar la zona, suturar, aplicar el antibiótico y vendar.

Al igual que en el Principio #18, la teoría de probabilidad nos indica que la varianza total de una actividad compleja es igual a la suma de las varianzas de cada actividad, dado que cada tarea es una actividad independiente. Por lo tanto, el tener menos tareas significa tener menos variación, aun si el tiempo total no disminuye, siempre que se conserve la variabilidad inicial.

Para poder reducir el número de tareas de una actividad, es necesario rediseñarla. En una operación de ensamble, esto podría implicar reducir la cantidad de componentes, o disminuir las conexiones mecánicas/eléctricas que cada componente necesita. En el caso del tratamiento de la laceración de un paciente, esto podría significar combinar dos tareas en una, lo que se lograría, por ejemplo, mediante el uso de vendajes con medicamento, de manera que los antibióticos y el vendaje sean aplicados al mismo tiempo.

La reducción de tareas a través el rediseño de las actividades, ya sea al simplificarlas o eliminarlas, puede generar un tiempo de ciclo menor. Sin embargo, incluso si el tiempo de ciclo permanece igual, la reducción de tareas mejora el desempeño del sistema.

Para demostrar este principio, simulamos un modelo con un único *server*, el cual realiza una actividad compleja, compuesta por tres tareas. Cada una de ellas tiene una duración aleatoria, de acuerdo a una distribución triangular de mínimo 1, moda 2 y máximo 3 minutos (Escenario 1). Note que el tiempo total más probable para esta actividad es de 6 minutos. Las entidades llegan al sistema cada 6.5 minutos en promedio, según una distribución exponencial. Compararemos este escenario con uno en el que se combinan las tres tareas en una única, con una duración de mínimo 5, moda 6 y máximo 7 minutos. Observe que, a pesar de que la nueva tarea tarda tres veces lo que tarda una tarea individual, tiene la misma desviación alrededor de su moda (±1 minuto).

Los resultados se resumen a continuación. Como era de esperarse, el escenario de las tareas combinadas generó un WIP menor, con el mismo rendimiento.

Scenario		Replications	Controls	Responses	
	Name	Completed	ActivityTime (Minutes)	WIP	Throughput
☑	Individual Tasks	100 of 100	Random.Triangular(1,2,3)+Random.Triangular(1,2,3)+Random.Triangular(1,2,3)	6.29803	2354.55
☑	Single Combined Task	100 of 100	Random.Triangular(5,6,7)	5.9639	2346.08

La lección de este principio es:

Reduzca la cantidad de tareas de las actividades complejas.

Al rediseñar una actividad compleja, como un ensamble, obtendremos no solo una menor variabilidad, sino también un menor tiempo de ciclo total. Esta combinación (menor variación y menor tiempo de ciclo) puede generar un desempeño mucho mejor del sistema.

En un contexto *make-to-order*, el KPI más importante es el índice de entregas oportunas. La transición a la personalización de los productos, inventarios mínimos y producción "justo a tiempo", ha hecho de la capacidad para entregar el producto en una fecha determinada un elemento crítico para ser competitivo en el mercado actual. Las entregas rápidas y confiables son muy importantes, y generan un valor reconocido que puede justificar un precio elevado para los productos y servicios.

Cuando se termina de procesar a todas las entidades del plan de producción antes de su fecha de entrega, se logra tener entregas oportunas. Por el contrario, cuando una o más entidades son terminadas después de su fecha de entrega, tenemos un retraso en el plan de producción, el cual puede definirse como la cantidad de entidades que se entregaron tarde, o como el tiempo promedio de retraso. Con frecuencia es posible reducir la cantidad de entidades retrasadas si se aumenta el tiempo promedio de retraso. Por lo tanto, enfocarnos únicamente en la cantidad de entidades atrasadas podría no ser una estrategia adecuada cuando se busca generar entregas oportunas.

Este principio establece que las reglas de decisión basadas en la holgura pueden incrementar las entregas a tiempo. La holgura se define como el tiempo que queda antes de la fecha de entrega, menos el tiempo de procesamiento restante. Por ejemplo, si una entidad debe estar terminada en 8 horas, y aún faltan 3 horas para terminar de procesarla, la holgura es de 5 horas. La holgura no considera los tiempos de espera ni la disponibilidad de los recursos; por lo tanto, una holgura positiva no garantiza que una entidad estará lista a tiempo, tan solo indica la posibilidad de que lo esté. Por otra parte, una holgura negativa indica que la entidad estará lista después del tiempo de entrega.

Un indicador comúnmente utilizado para medir la holgura es la razón crítica, que es el tiempo que queda antes de la fecha de entrega de la entidad, dividido entre el tiempo de procesamiento restante. En el ejemplo anterior, el tiempo que queda antes de la entrega es de 8 horas, y el tiempo de procesamiento requerido para terminarla es de 3 horas, lo que da como resultado una razón crítica de 2.6. Cuando la razón crítica es igual a 1, la entidad debe procesarse inmediatamente para estar lista a tiempo; un valor mayor a 1 indica que se tiene algo de holgura; mientras que un valor menor a 1 indica que la entidad va a estar lista tarde. La razón crítica es un valor normalizado que facilita la comparación entre entidades que aún deban procesarse, sin importar si el tiempo que requieren es largo o corto.

Para demostrar las ventajas de las reglas basadas en la holgura, modelaremos un *job shop* sencillo con tres tipos de entidades y tres *servers*, y analizaremos el beneficio de utilizar la regla de la razón crítica para controlar el flujo de entidades a través del sistema. Las entidades llegan de forma aleatoria cada hora, según una distribución exponencial. Limitamos a 40 el número de llegadas, y ejecutamos el modelo el tiempo suficiente para que todas las entidades sean procesadas. Esto es importante para asegurar que las entidades que se queden en el sistema al final de la simulación no afecten a nuestro KPI. La fecha de entrega de las entidades es igual al momento en el que entran al sistema, más un tiempo determinado, dependiendo del tipo de entidad. Cada entidad sigue una secuencia antes de llegar a la estación de embarque. El mix de producción, el tiempo de entrega, la secuencia y el tiempo de procesamiento para cada tipo de entidad se especifican en la siguiente tabla:

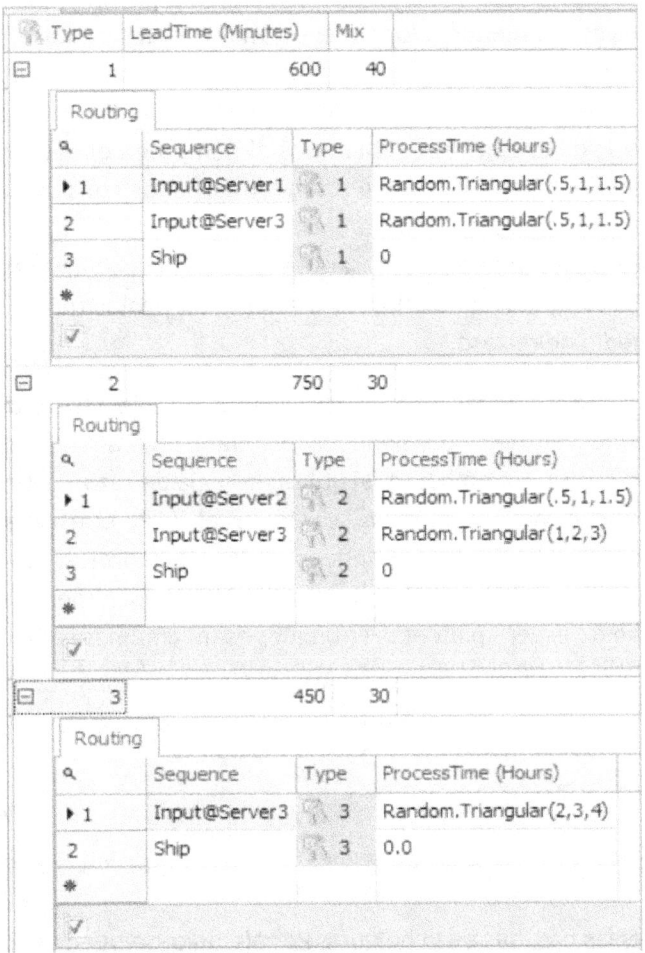

La siguiente imagen muestra el modelo durante la corrida de simulación. Las entidades tipo 1 son de color verde, las tipo 2 son azules, y las tipo tres, rojas. En este punto de la simulación, los *Servers* 1 y 3 están procesando, hay entidades esperando a ser procesadas en este último, y el *Server* 2 está libre. Las entidades que son terminadas a tiempo son enviadas al *sink* llamado *OnTime*, y el contador muestra que 6 entidades han sido completadas a tiempo. Las entidades que se han retrasado son enviadas al *sink Late*, y en este momento de la simulación no ha habido ninguna.

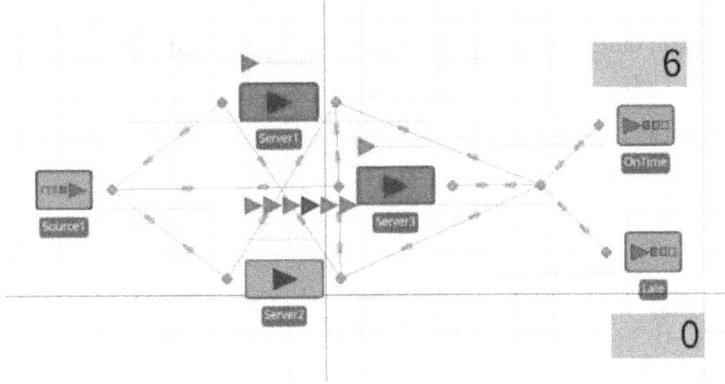

En este experimento, podemos cambiar la expresión de evaluación dinámica que se utiliza para elegir a la siguiente entidad que será procesada en los tres *servers*, con base en la regla del valor mínimo. En el primer escenario, este valor es la razón crítica de la entidad, de forma que se da prioridad a las entidades con el menor valor. En el escenario 2, el caso base, el valor a evaluar que utilizamos es la liberación de la orden, representado por el tiempo en el que la entidad entra al sistema. En el tercer escenario, este valor es especificado como la razón crítica de la entidad, solo si esta es mayor o igual a 1; de lo contrario, utilizamos el tiempo en el que entró al sistema. Por lo tanto, en el tercer escenario, las entidades que están retrasadas se consideran "causas perdidas", y preferimos procesar una entidad crítica que todavía puede estar a tiempo. En este escenario, las entidades que aún pueden estar a tiempo rebasarán a la entidad que ya va tarde. Esperaríamos que este escenario reduzca la cantidad de trabajos retrasados, pero posiblemente lo haga a expensas de un mayor tiempo promedio de retraso.

Los resultados se muestran a continuación. Con base en la cantidad de trabajos retrasados, procesar a las entidades conforme van llegando tiene un resultado ligeramente mejor que cuando se procesan según la razón crítica. Sin embargo, al utilizar la regla de razón crítica se reduce el tiempo promedio de retraso en un 40%, y también se reduce el WIP. El escenario 3 tuvo un mejor desempeño que los otros dos respecto a la cantidad de trabajos tardíos, pero el tiempo promedio de retraso fue significativamente mayor. Por lo tanto, esto produce menos entregas con retraso, pero el tiempo promedio de espera para esas entidades es mucho más largo.

Scenario		Replications	Controls	Responses			
✓	Name	Completed	DynamicSelectionExpression	OnTime	Late	WIP	AverageLateness
✓	Most Critical	10 of 10	Entity.Sequence.CriticalRatio	16.4	23.6	4.37...	3.94466
✓	Order of Release	10 of 10	Entity.TimeCreated	17.8	22.2	4.9961	7.17584
✓	Most Critical of Good Candidates	10 of 10	Math.If(Entity.Sequence.CriticalRatio >= 1, Entity.Sequence.CriticalRatio, Entity.TimeCreated)	29.8	10.2	5.30...	21.2264

Existen muchas otras reglas basadas en la holgura. Por ejemplo, se puede combinar la prioridad de la entidad con su razón crítica para que las que tienen mayor prioridad puedan ser procesadas en lugar de las que tienen prioridad baja. La aplicación de estas reglas dependerá del caso en específico, pero al incorporar la holgura (o razón crítica) como parte de estas reglas, se puede incrementar el desempeño de las entregas oportunas.

La lección de este principio es:

Utilice reglas basadas en la holgura para incrementar las entregas oportunas.

En un sistema de producción *make-to-order*, los sistemas de planeación de los recursos materiales y empresariales (MRP/ERP) agruparán múltiples órdenes de los clientes para generar las órdenes de producción del sistema. Una única orden de producción puede estar conformada por un lote de entidades que se producen para clientes diferentes. En muchos casos, el lote completo se procesa como una orden única, y se considera como fecha de entrega a la de la orden que debe completarse más pronto. El principio establece que se pueden incrementar las entregas oportunas a través de un tamaño flexible de lote.

Al sustituir un lote grande por muchos lotes pequeños, se adquiere mayor flexibilidad para organizar la secuencia de trabajo a través de las estaciones disponibles. Procesar un único lote mantiene a la estación ocupada durante todo el tiempo que se requiera para terminarlo por completo. Si se utilizan lotes más pequeños, la producción puede distribuirse a lo largo del periodo de planeación, y tendremos mayor flexibilidad para terminar todas las órdenes a tiempo. Las entidades pueden agruparse según sus fechas de entrega, de forma que evitemos terminar unas órdenes mucho antes de lo necesario y, en consecuencia, hagamos que otras se retrasen.

Una de las condiciones necesarias para agrupar a las entidades en un lote único es que estas deben de tener el mismo *setup*. Si dividimos este lote en otros más pequeños, puede que cada uno de ellos requiera un *setup* diferente. Si los tiempos necesarios para realizar estos *setups* son muy largos y ocurren en un cuello de botella, se puede perjudicar el desempeño del sistema. Sin embargo, si los *setups* toman poco tiempo y/o pueden realizarse fuera del turno de trabajo, o se llevan a cabo en estaciones que no son cuellos de botella, será más lo que ganemos por la flexibilidad de la planeación de la producción, que lo que se pierda por los tiempos de *setup* adicionales.

Para demostrar las ventajas que tiene el manejo de lotes más pequeños con respecto a las entregas oportunas, utilizaremos una versión modificada del *job shop* que modelamos en el principio anterior, sobre las reglas basadas en la holgura. En esta variación del modelo, cada orden de producción es dividida en lotes, y la cantidad de lotes que se generan es un control del experimento. Asumimos que no hay consecuencias significativas derivadas de los *setups* necesarios para procesar estos lotes. Comparamos tres escenarios, modificando el número de lotes a 1, 5 o 10, y en todos ellos se aplica la regla de selección por razón crítica. Los resultados se muestran a continuación, ajustando el número de órdenes a tiempo y atrasadas y el WIP según el número de lotes, para poder compararlos más fácilmente.

	Scenario		Replications		Controls		Responses			
✓	Name	Status	Required	Completed	DynamicSelectionExpression	NumberOfBatches	OnTime	Late	WIP	AverageLateness...
✓	Large Batch Size	Idle	10	10 of 10	Entity.Sequence.CriticalRatio	1	13.2	26.8	5.43872	7.00305
✓	Medium Batch Size	Idle	10	10 of 10	Entity.Sequence.CriticalRatio	5	17.68	22.32	4.80509	6.06844
✓	Small Batch Size	Idle	10	10 of 10	Entity.Sequence.CriticalRatio	10	19.29	20.71	4.03106	4.05603

Como podemos observar, se incrementó la cantidad de entregas oportunas y se redujo el WIP, debido a la flexibilidad derivada de los lotes más pequeños.

La lección de este principio es:

Use lotes más pequeños para incrementar las entregas oportunas.

Como ya se mencionó, esta estrategia funciona mejor cuando los tiempos de *setup* son cortos, o no ocurren en cuellos de botella.

Principio #22: El incremento oportuno de la capacidad de producción mejora el desempeño general

Un KPI crítico al operar un sistema de producción tipo *make-to-order* es el índice de entregas oportunas. En los negocios, la capacidad para entregar el producto a los clientes en la fecha establecida puede ser "un asunto de vida o muerte".

En el contexto típico de producción, se realiza la liberación de un conjunto de órdenes de producción al inicio de un periodo productivo. Este periodo puede definirse semanal o mensualmente, o de alguna otra forma, dependiendo de la naturaleza del negocio. Cada orden de producción tiene especificada una fecha de entrega, y el gerente de producción debe administrar el trabajo de forma que asegure que todas las entidades estarán terminadas en la fecha correspondiente. Al final del periodo productivo, se libera un nuevo conjunto de órdenes de producción.

El trabajo del gerente de producción se complica por los diversos imprevistos que pueden surgir en el sistema productivo: máquinas averiadas, trabajadores enfermos, materiales o componentes atrasados, actividades que tardan más de lo esperado, órdenes de último minuto, fechas de entrega que se adelantan, etc. Estos imprevistos son retos para poder entregar todas las órdenes en el tiempo acordado, sin incrementar el tiempo de producción en el sistema.

Cuando las horas extra de trabajo son realmente necesarias, surgen dos preguntas: ¿cuántas horas son necesarias?, y ¿en qué momento deben agregarse en el plan de producción?

Lo que sucede normalmente es que la gerencia incrementa las horas de trabajo para evitar que las órdenes de clientes importantes se entreguen tarde, cuando este riesgo existe. El tiempo extra es dedicado para lograr la entrega de esa orden importante, y frecuentemente se considera casi al final del periodo de producción. Este principio establece que es mejor implementar el tiempo extra lo más pronto posible dentro del plan de producción, para impactar de forma positiva en un mayor número de órdenes, en lugar de agregarlo tarde y solo para procesar determinadas órdenes retrasadas. En otras palabras, es más eficiente adelantar trabajo dentro del periodo productivo que intentar ponerse al corriente hasta el final.

Para demostrar este principio, usaremos el mismo modelo de *job shop* que hicimos en el Principio #20, con los mismos tipos de entidades y las mismas secuencias. El sistema está conformado por tres *servers*, y produce tres tipos de entidades, con base en su secuencia a través del sistema. Emplearemos la regla de decisión que combina la prioridad con la razón crítica para maximizar las entregas oportunas.

En lugar de generar las órdenes de forma aleatoria, estas se producirán según una lista, donde se especifican tanto su fecha de liberación como la de entrega. La lista se muestra a continuación, considerando un periodo de producción de un solo día.

Order	Entity Type	Release Date	Due Date
Order1	1	9/8/2014 12:00:00 AM	9/8/2014 4:00:00 AM
Order2	2	9/8/2014 12:00:00 AM	9/8/2014 4:00:00 AM
Order3	3	9/8/2014 12:00:00 AM	9/8/2014 4:00:00 AM
Order4	2	9/8/2014 12:00:00 AM	9/8/2014 10:00:00 AM
Order5	2	9/8/2014 12:00:00 AM	9/8/2014 10:00:00 AM
Order6	3	9/8/2014 12:00:00 AM	9/8/2014 10:00:00 AM
Order7	1	9/8/2014 12:00:00 AM	9/8/2014 2:00:00 PM
Order8	2	9/8/2014 12:00:00 AM	9/8/2014 2:00:00 PM
Order9	3	9/8/2014 12:00:00 AM	9/8/2014 2:00:00 PM

Podemos generar un plan de producción para este sistema al simular el flujo de entidades del modelo en modo determinístico, en el cual los tiempos de procesamiento aleatorios son reemplazados con los que se espera tener. Esto genera un plan de producción para los tres *servers*, que procesan las 9 órdenes, representado en el siguiente diagrama de Gantt, en el cual el momento de terminación de la orden está denotado por el símbolo " Γ ", y la fecha de entrega de cada orden está marcada por el símbolo " ▬ ". La línea que conecta ambos símbolos indica la holgura o el retraso que se tuvo. En este caso, como podemos observar, únicamente las Ordenes 3 y 6 están listas a tiempo, y todas las demás están retrasadas.

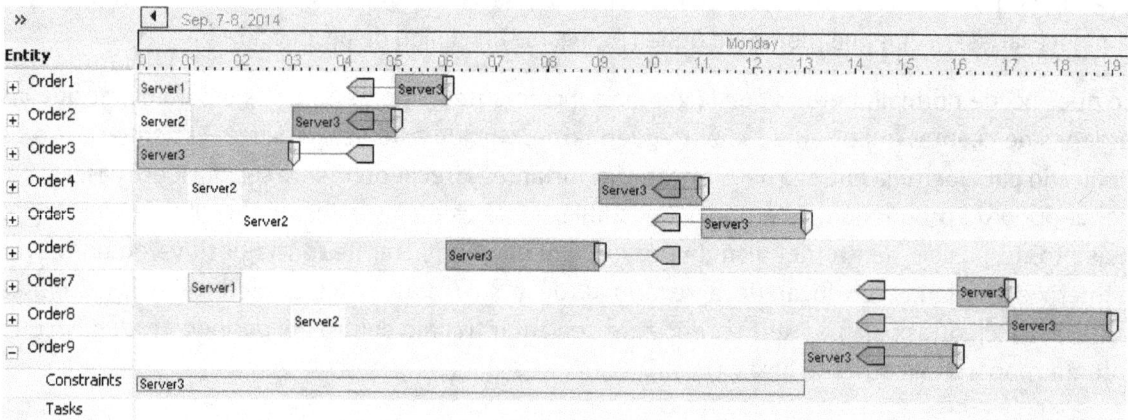

Asumamos que la Orden 9 es importante y debe estar lista a tiempo. En la imagen anterior, desplegamos las opciones de la Orden 9 para mostrar el tiempo inútil de esta orden en el sistema, y podemos observar que, en este caso, la orden es detenida por el *Server* 3, y por eso es completada tarde. Podemos agregar un segundo *Server* 3 en el momento justo para que la Orden 9 esté lista. Si hacemos que este *server* esté disponible de 10 a.m. a 2 p.m. (ya que la Orden 9 se debe entregar a las 2 p.m.), obtenemos el siguiente plan de producción, que permite que la Orden 9 esté lista a tiempo:

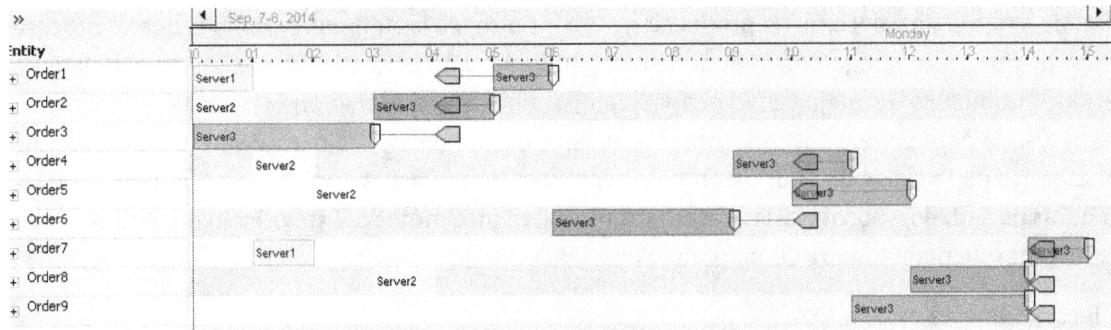

Observe que, al agregar capacidad extra para reducir el tiempo de entrega de la Orden 9, la hemos terminado a tiempo, al igual que a la Orden 8. También hemos reducido el retraso de la Orden 7.

El presente principio establece que, si vamos a incrementar nuestra capacidad de producción, como lo hicimos en este caso durante 4 horas, de 10 a.m. a 2 p.m., sería mejor añadir esa capacidad extra desde antes en el periodo productivo. Para observar el impacto de esto en el sistema, examinemos el plan de producción, agregando el *Server* 3 adicional desde la media noche hasta las 4 a.m., en vez de hacerlo de 10 a.m. a 2 p.m. A continuación se presenta el nuevo plan de producción:

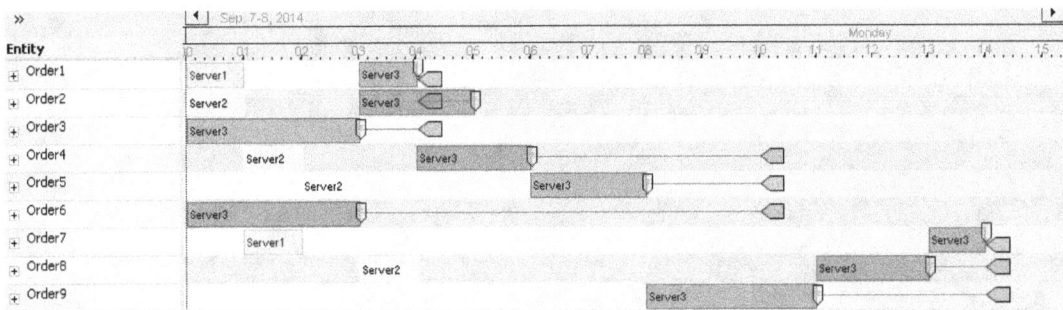

A pesar de que la capacidad total añadida al sistema es la misma (un *Server* 3 adicional durante 4 horas), tener esta capacidad extra al principio del periodo productivo mejora dramáticamente los resultados. Ahora solo tenemos una orden retrasada (Orden 2), y tenemos una holgura substancial para la Orden 9, que es la crítica.

Para continuar demostrando este principio, ejecutaremos este modelo a través de un experimento de 4 escenarios: sin capacidad adicional, capacidad adicional temprana (media noche a 4 a.m.), capacidad adicional a medio periodo (8 a.m. a 12 p.m.), y capacidad adicional tardía (10 a.m. a 2 p.m.). Correremos 10 réplicas para cada escenario, con tiempos de procesamiento aleatorios en los tres *servers*, y registraremos la cantidad de órdenes retrasadas. Los resultados de este experimento se muestran a continuación:

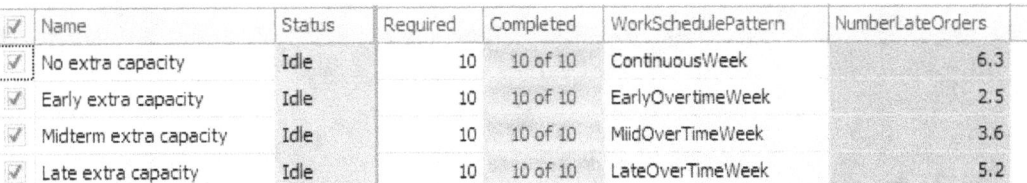

✓	Name	Status	Required	Completed	WorkSchedulePattern	NumberLateOrders
✓	No extra capacity	Idle	10	10 of 10	ContinuousWeek	6.3
✓	Early extra capacity	Idle	10	10 of 10	EarlyOvertimeWeek	2.5
✓	Midterm extra capacity	Idle	10	10 of 10	MiidOverTimeWeek	3.6
✓	Late extra capacity	Idle	10	10 of 10	LateOverTimeWeek	5.2

Como era de esperarse, este experimento demuestra que, mientras más pronto se agregue la capacidad al sistema, mayor será la reducción de los retrasos. Cuando la capacidad adicional es añadida hasta el final del ciclo de producción, beneficia solo a las últimas entidades que se procesen; mientras que si se agrega desde el principio, ayudará a descongestionar el sistema a lo largo del periodo productivo. Es mejor añadir capacidad para evitar retrasarse en el plan de producción, en vez de usarla para ponerse al corriente una vez que ya se tiene trabajo atrasado. En lo referente al incremento de la capacidad del sistema, los gerentes deben actuar pronto, ya sea incrementando las horas de trabajo, subcontratando o utilizando algún otro método. Este principio aplica tanto para los sistemas de manufactura como para los de servicios.

La lección de este principio es:

Incremente la capacidad pronto, no en el último momento.

Cualquiera que esté involucrado en las tareas de planeación y programación de la producción suele encontrarse con retrasos en el trabajo. Esto puede parecer culpa de la persona que elaboró el plan o del personal que lo ejecutó, pero en realidad la planeación determinística es, por naturaleza, optimista y excesivamente prometedora.

Al momento de planear, lo primero que se hace es reemplazar todos los tiempos variables con los tiempos esperados. Como la variabilidad perjudica el desempeño (Principio #1), un plan que asume que no hay variación en el sistema ignora uno de los factores primarios para el desempeño del sistema. Adicionalmente, eventos inesperados, tales como empleados ausentes o máquinas averiadas, no suelen ser tomados en cuenta, debido a que no podemos saber por adelantado si van a ocurrir, ni cuándo lo harán, y por tanto no podemos incluirlas en el plan de producción. En vez de ello, esperamos a que estos eventos sucedan, y entonces generamos un nuevo plan que incorpore esos imprevistos. Este nuevo plan será peor que el original, pues ahora incluye un evento no previsto. No importa cuánto tiempo y esfuerzo se inviertan en realizar la planeación original, el hecho de que esta se base en datos determinísticos e ignore los imprevistos, la vuelve optimista.

La incapacidad de seguir los horarios suele conducir a tácticas como la inflación de los tiempos de procesamiento, o la introducción de factores de corrección, para que la planeación sea menos optimista. Por supuesto, definir la magnitud de ese factor es una gran apuesta, y la elección puede generar un plan que, o bien sea excesivamente prometedor con las entregas, o bien subutilice el sistema.

Los resultados de nuestro experimento anterior demuestran la naturaleza optimista de la planeación determinística. Al agregar un *Server* 3 adicional entre la media noche y las 4 a.m. y generar un plan determinístico, únicamente tenemos una orden retrasada (Orden 2). Sin embargo, cuando simulamos este modelo con tiempos de procesamiento variables, tuvimos un promedio de 2.5 órdenes retrasadas. Este incremento de 150% en la cantidad de órdenes retrasadas se debió a la variabilidad del sistema.

La naturaleza optimista de la planeación determinística se da tanto en sistemas de manufactura como de servicios. Sea cual sea su área de aplicación, usted debe recordar que los planes determinísticos son solo proyecciones optimistas de lo que podría pasar. Esta planeación únicamente podría alcanzarse si todo va excepcionalmente bien y no se tienen imprevistos.

La lección de este principio es:

Perciba cualquier plan determinístico solo como una proyección optimista.

En el Principio #23 identificamos el problema de que la planeación determinística es optimista y excesivamente prometedora. En los sistemas reales ocurren imprevistos que hacen necesaria una reprogramación del trabajo, y es entonces cuando se revela el plan real. Este plan suele tener un menor desempeño que el original, ya que refleja los eventos como son, y la variabilidad que se tiene.

Cuando nuestra programación original no cumple con las expectativas planeadas, nos vemos forzados a incrementar la capacidad del sistema a través de horas extra, subcontratación de trabajo u otras medidas costosas para cumplir con el programa de producción. El Principio #22 indica que es mejor agregar capacidad de producción oportunamente en el periodo planeado, pero en un inicio es demasiado pronto para saber si conseguiremos apegarnos al plan o no. Un enfoque de programación basada en riesgo le permite saber si la planeación es factible, de manera que pueda tomar medidas lo antes posible para producir el mayor beneficio con el plan resultante.

La planeación y la programación basadas en riesgo es un enfoque de simulación que incorpora la variabilidad y los imprevistos para generar múltiples planes que pueden utilizarse para medir el riesgo del plan determinístico original. Este riesgo incluye la probabilidad de completar cada orden a tiempo, dada una variabilidad y algunos imprevistos en el sistema. El planeador puede usar esta información en el proceso de planeación para decidir si requiere incrementar la capacidad, o implementar cualquier otra medida, permitiendo tomar decisiones a tiempo para tener el mayor impacto en el desempeño del sistema.

Para demostrar este concepto, retomaremos el ejemplo del Principio #22, en el cual generamos el plan de producción con un *Server* 3 adicional desde la media noche hasta las 4 a.m. El diagrama de Gantt resultante muestra el plan determinístico, con la medición de riesgo adicional.

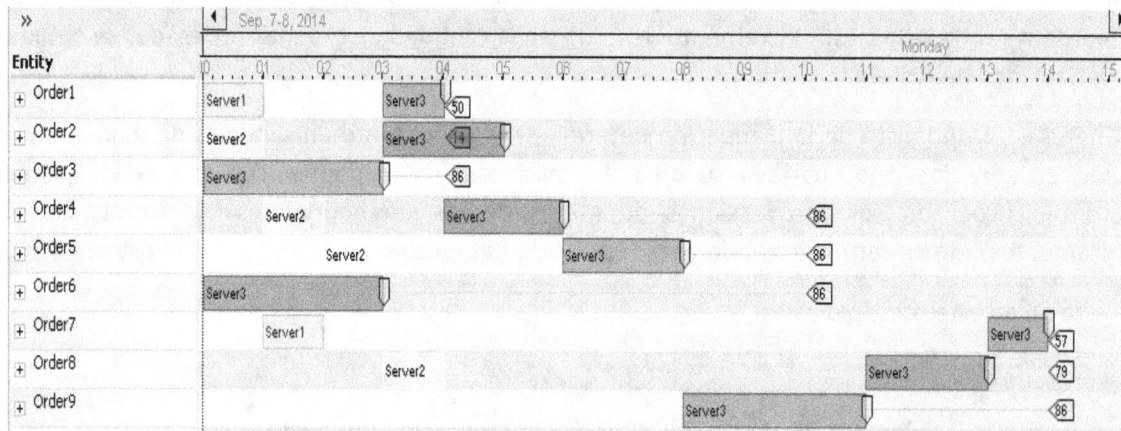

Observe cómo la fecha de entrega cambia de color a rojo (alto riesgo), amarillo (riesgo medio) o verde (poco riesgo), e incluye un porcentaje que especifica la probabilidad de terminar la orden a tiempo. Por ejemplo, nuestro plan muestra que la Orden 1 será terminada a tiempo, pero la medida de riesgo indica que solo se tiene un 50% de probabilidad de que esto suceda. La Orden 8, que tiene una holgura positiva, tiene un 79% de probabilidad de ser terminada a tiempo.

Al modelar medidas de evaluación de riesgo, podemos obtener información al principio del periodo de producción, de forma que si el riesgo es demasiado alto podamos tomar medidas para reducirlo lo más pronto posible. Por ejemplo, si es crucial que la Orden 8 esté terminada a tiempo, podemos agregar capacidad al comienzo del periodo de producción para reducir el riesgo de incumplimiento a un nivel aceptable.

Cuando la variabilidad y los imprevistos del sistema son considerados al planear y programar la producción, utilizando un RPS, los problemas pueden ser identificados con prontitud. Con esto, es posible tomar medidas desde antes, cuando son menos costosas y más efectivas para mejorar el desempeño de las entregas oportunas. Este principio básico es aplicable tanto en ámbitos de manufactura como de servicios.

La lección de este principio es:

Utilice RPS para tomar medidas anticipadas que permitan cumplir con las fechas de entrega.

En los 24 principios anteriores utilizamos la simulación para elaborar modelos que demostraran la mejora en el desempeño de los sistemas respecto a su rendimiento, WIP y/o entregas oportunas. Estos principios pueden servir como guías para la mejora de una gran variedad de sistemas. Por supuesto, ¡el mejor modelo para evaluar sus ideas es el de su propio sistema!

SIMIO le ofrece la capacidad de modelar rápidamente sistemas de producción complejos y registrar la influencia de la aleatoriedad en el comportamiento dinámico de su sistema. Usted puede utilizar su modelo para modificar sus tamaños de *buffer*, introducir nuevos tipos de entidades, modificar características de las estaciones, etc., y comprobar el impacto que estos cambios tengan en su sistema. Los 24 principios que expusimos brindan ideas que usted puede considerar para modificar su sistema, y este principio establece que probar esos cambios en un modelo representativo de su sistema real puede demostrar los resultados que podría esperar, respecto a la mejora del desempeño.

Es importante destacar que, si el sistema productivo es muy grande y complejo, el impacto de los cambios sugeridos puede ir en contra de toda predicción. Por ejemplo, añadir recursos adicionales en un cuello de botella puede mejorar muy poco el rendimiento del sistema, porque otra estación se ha convertido en un nuevo cuello de botella. Podemos explorar por completo el impacto que los cambios propuestos podrían tener en el sistema a través de un modelo del mismo.

Los cuatro casos de estudio de la sección que sigue son testimonio de la envergadura de la aplicación de la simulación, en los ámbitos de manufactura y servicios, para mejorar tanto el diseño como la operación de sistemas complejos, y demostrar nuestro último principio:

Use la simulación para mejorar tanto el diseño como la operación de su sistema.

Casos de estudio

Cuatro casos de estudio recientes demuestran cómo la simulación ha ayudado a los gerentes a evaluar sus sistemas y mejorar su productividad. Puede encontrar más información sobre estos y otros casos de estudio de simulación en www.simio.com.

En el primer caso de estudio, *Nissan* utilizó la simulación para mejorar sus instalaciones para la producción de automóviles en Barcelona, España. El segundo caso de estudio, en *Nebraska Medical Center,* ayudó a mejorar el diseño de todo el campus del centro médico. El tercer caso de estudio, en el Aeropuerto de Vancouver de *Vantage Airport Group*, se enfocó al diseño del aeropuerto, y demuestra el valor de la simulación para evitar los gastos innecesarios de capital. En el último caso de estudio (BAE) se aplicó la simulación para planear y programar la producción en una instalación de manufactura, considerando el riesgo.

Nissan Motor Co., Ltd., es uno de los líderes mundiales en la fabricación de automóviles, y produce una gran gama de autos, minivans, camionetas y SUVs. Cuenta con plantas en cada continente poblado. Para apoyar la producción de su nueva van NV200, *Nissan Group Engineering* confió en un *software* de simulación de eventos discretos para validar el *layout* de sus líneas de ensamble de la planta de Barcelona.

A lo largo del desarrollo del proyecto, con el apoyo del *partner* local de SIMIO, el equipo completó una serie de modelos con un enfoque multifacético, con la finalidad de obtener respuestas rápidas a temas específicos, relacionados con el despliegue de las nuevas líneas. Entre los retos que enfrentó el equipo, múltiples aspectos fueron considerados críticos en términos de costo y tiempo:

- Cantidad de ganchos requeridos para cubrir la demanda proyectada
- Validación de alternativas de *mix* de producto
- Evaluación de los procesos de sincronización de varias líneas convergentes (cuerpo, chasis), con un ritmo de producción distinto

La facilidad para manejar SIMIO, así como su capacidad para identificar los retos que consecutivamente se enfrentaron a lo largo del proyecto, produjeron resultados favorables para el equipo de ingeniería de *Nissan Europe*.

"El uso de objetos es muy conveniente para construir rápidamente un modelo funcional del *layout* de la planta. Más aún, la posibilidad de añadir lógica adicional a través de un conjunto de instrucciones, en el caso del movimiento y la sincronización de diversas líneas, es fácil de implementar e incrementó nuestra capacidad para resolver problemas más complejos", dijo el gerente de proyecto de *Nissan Europe*, José Vilar.

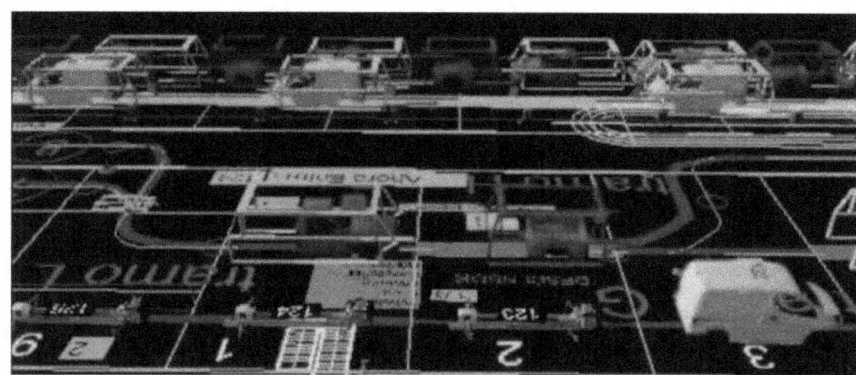

Los objetos en 3D permitieron a *Nissan Europe* crear una representación de alta calidad de los elementos que se encuentran en la planta real, como vehículos, transportadores y monorrieles, entre otros.

"Esperamos seguir utilizando SIMIO para tratar de entender y resolver los problemas potenciales de sincronización en el flujo de vehículos de nuestras otras líneas, a través de la simulación", expresó Vilar. "Percibimos a SIMIO como un complemento para nuestras herramientas de ingeniería".

La mayoría de los principios para la mejora de procesos abordados en este libro aplican en sistemas típicos de manufactura, como la planta de *Nissan*. Estos mismos principios son aplicables para los proveedores de los sub-componentes que alimentan nuestro sistema de manufactura, para mejorar la entrega "justo a tiempo" de sus componentes en nuestra línea de producción. Tener un modelo de nuestra planta nos permite probar estos principios en el contexto de nuestro propio sistema de producción. Por ejemplo, el Principio #1 (la reducción de la variabilidad mejora el desempeño) podría implicar automatización o la inclusión de algunas plantillas o accesorios para simplificar un paso en específico del proceso, y hacerlo menos variable. Puede implicar también la reducción de las variantes del producto, al estandarizarlo, generando menos opciones de paquete para ser procesadas en la línea. Sean cuales sean los parámetros, podemos utilizar el modelo de nuestra planta para probar todas las alternativas de mejora de nuestro proceso.

Para más información y una animación del modelo, diríjase a http://www.simio.com/case-studies/Nissan/

Durante la fase de planeación de su futuro Centro Integral de Oncología, el Centro Médico de Nebraska percibió una oportunidad para reconsiderar las dimensiones de la plataforma de cirugías del campus.

La firma de consultoría HDR se comprometió a modelar los escenarios del estado futuro del sistema, para comparar e identificar las situaciones en las que la variación podría tener el mayor impacto en las operaciones y la planeación de las instalaciones. Simio ejerció como subcontratista para el proyecto.

El estudio de simulación dio como resultado una buena proyección, con base en las operaciones actuales (incluyendo la variabilidad) del Centro Médico de Nebraska, así como un análisis del volumen pronosticado. Algunas mejoras específicas del proceso fueron las siguientes:

1. Uso eficiente de los quirófanos y su personal, tanto en las horas pico como en las de demanda normal,
2. Mejor utilización de los cuartos de equipamiento especializado, resultando en un menor requerimiento de quirófanos,
3. Reducción del trayecto para las cirugías, tanto en distancia como en frecuencia,
4. Reducción de la distancia de traslado de pacientes, y
5. Reducción del tiempo para realizar trámites, por servicios, por tipo de paciente.

La importancia de este modelo fue resumida por Matthew A. Mormino, M.D., Director de Residencia de Cirugía Ortopédica del Nebraska Medical:

"Era casi imposible tomar una decisión informada sin analizar los múltiples escenarios modelados ofrecidos por la simulación [de HDR en SIMIO]. Ahora estamos seguros de que nuestras recomendaciones están bien pensadas y reflejan la probable utilización de los quirófanos".

Prácticamente todos los principios discutidos en este libro pueden ser aplicados en situaciones del área de la salud, como en el caso del modelo de *Nebraska Healthcare*. Por ejemplo, el Principio #1 puede enfocarse en reducir la variabilidad de los procesos del sistema. Esto puede conseguirse si todos los involucrados aplican mejores protocolos para estandarizar sus procedimientos y sus métodos. A pesar de que el enfoque hacia la calidad suele ser la motivación para estandarizar los protocolos aplicables, esto tiene el beneficio adicional de reducir la variabilidad, y por tanto mejorar el desempeño del sistema. Muchos sistemas médicos requieren recursos muy costosos, como equipos de imagenología de gama alta o quirófanos. Los Principios #9 y #10 sobre los cuellos de botella sugieren que los *buffers* de estos recursos representan mejoras potenciales. Por ejemplo, cualquier forma de mejorar el manejo de los pacientes pre y postoperatorios sería considerada como una optimización de los *buffers* de los quirófanos. Podemos utilizar nuestro modelo del sistema de atención médica para evaluar y medir el impacto de cualquier propuesta de cambio.

Las autoridades del Aeropuerto de Vancouver desarrollaron un modelo de simulación para analizar el flujo de pasajeros y equipaje que llega, se marcha o transborda en el Aeropuerto Internacional de Vancouver (YVR[4]). El enfoque de este modelo, un YVR eficiente (eYVR), es parte de la iniciativa del aeropuerto, con el propósito de optimizar sus operaciones.

El propósito de la simulación era evaluar la demanda de varios puntos del proceso, tales como registro, control de seguridad, declaración de aduana y reclamo de equipaje, así como determinar la capacidad requerida para cubrir el nivel de servicio determinado (LOS), con tiempos de espera definidos. Utilizando una extensa base de datos de los pasajeros y la descripción de los vuelos, el modelo fue diseñado para predecir la demanda de pasajeros y determinar los requerimientos de capacidad, empleando horarios de vuelo intercambiables.

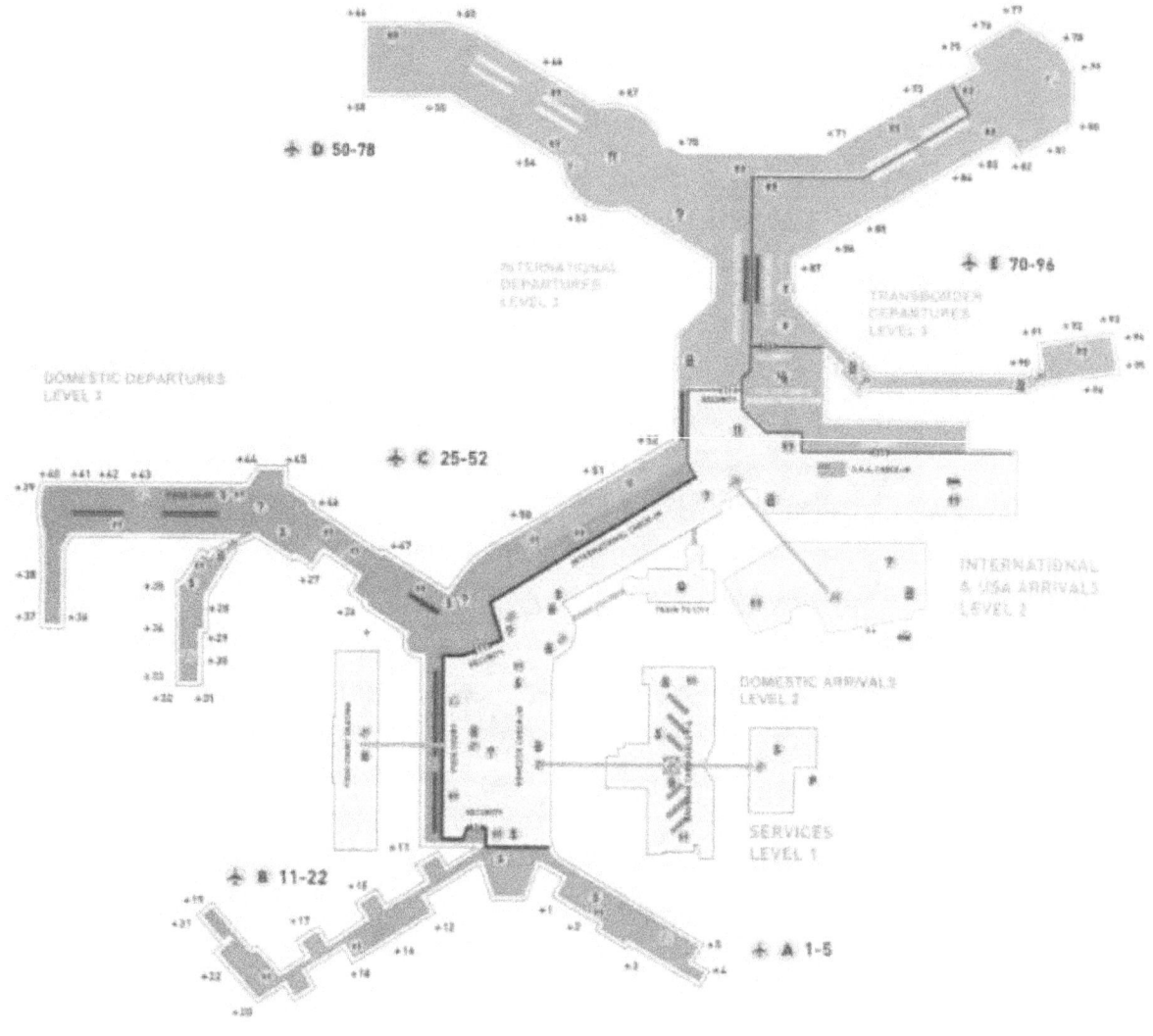

---

[4] N.T: YVR es el código del Aeropuerto de Vancouver, de acuerdo a la Asociación Internacional de Transporte Aéreo (IATA)

Los resultados del proceso brindaron información como:

- Requerimiento de recursos para cubrir el LOS
- Tiempos de espera (promedio, máximo y desviación estándar)
- Largo de las filas
- Periodos de tiempo en que se supera el límite de LOS
- Índice de éxito

El modelo sigue generando resultados que utilizan varios contratistas del aeropuerto, incluyendo el control de pasajeros, manejo de equipaje, agencias de seguridad de aduanas y servicio al cliente.

Mike Lazzaroni, Analista Senior de Planeación y autoridad del Aeropuerto de Vancouver, resume el uso de la simulación en el diseño del aeropuerto de la siguiente manera:

A pesar de su complejidad y de la inversión de tiempo que necesitan para ser construidos, los modelos de simulación del aeropuerto proveen un punto de vista invaluable para la planeación y la operación de las terminales. Al construir nuevas terminales o ampliar las existentes, los modelos de simulación permiten determinar la capacidad requerida y son una guía sobre el alcance del proyecto. Cuando se necesita aumentar la capacidad, los modelos de simulación pueden ser utilizados en la reingeniería de los procesos, con la finalidad de hacerlos más eficientes. En esos casos, afinar los procesos del aeropuerto puede traducirse en un ahorro de millones de dólares, derivado de la diferencia de los costos de capital. Un ejemplo de ello en el Aeropuerto de Vancouver fue la introducción de módulos para la declaración de aduana de los pasajeros que regresan. La necesidad de aumentar la capacidad en el área de aduanas estaba provocando la elaboración de un proyecto de ampliación de la terminal, produciendo un efecto dominó que incluía la recolocación de las estaciones de abordaje para los aviones. El uso de módulos proporcionó esa capacidad adicional, redujo la tensión de las instalaciones, y produjo ahorros cercanos a los $100 millones (USD).

Finalmente, los modelos de simulación también son invaluables para la operación diaria del aeropuerto. Son útiles para la asignación del personal requerido para ejecutar las operaciones de manera fluida, colocando los tiempos de espera dentro de los límites de servicio establecidos.

Muchos de los principios abordados en este libro tienen aplicaciones obvias en los aeropuertos, como en el caso del de Vancouver. Por ejemplo, los principios sugerirían usar una unifila para múltiples mostradores de registro, así como una fila exclusiva para el registro de equipaje de los pasajeros con boletos para dar prioridad a los clientes que requieran menor tiempo de atención. Las puertas empleadas para abordar y desabordar los aviones son un cuello de botella crítico para la mayoría de los aeropuertos; por lo tanto, nuestros principios para los cuellos de botella (9 y 10) sugieren buscar las formas de mejorar tanto el proceso de abordaje de los pasajeros que salen del aeropuerto, como el proceso de quienes llegan a él y bajan del avión. El proceso de desembarque puede ser mejorado al diseñar las puertas para tener un carril más largo y dedicado a atender pasajeros de los vuelos de salida, que esté menos congestionado y sea más fácil de atravesar. Se pueden mejorar los procesos de abordaje al tener todos los boletos revisados y escaneados previamente, y terminar el control de equipaje antes de que el abordaje comience. Este tipo de cambios pueden requerir modificaciones en el diseño del área de abordaje que tengan un impacto positivo o negativo en el sistema en general. Se puede utilizar un modelo de simulación para probar el impacto de estas y otras modificaciones en los tiempos de ciclo de embarque y desembarque.

Los contratistas de defensa necesitan planear y predecir de forma confiable los recursos de producción para cubrir las necesidades militares a tiempo y ajustándose al presupuesto. Los administradores de contrato procuran tener métodos efectivos que mitiguen el riesgo referente a los recursos productivos, y exigen indicadores de riesgo (KRIs) precisos y oportunos tanto para materiales, como para mano de obra y equipo.

BAE *Systems* (BAE) utilizó *Simio's Enterprise Edition*, que incluye una función de planeación y programación de la producción con base en riesgo (RPS). Esta característica integra las cualidades de la planeación y programación tradicional con el modelado estocástico para el análisis de riesgo.

El *software* de programación de SIMIO proporcionó a los planeadores una interfaz personalizable para generar horarios, efectuar el análisis de riesgos y costos, investigar las mejoras potenciales y visualizar esos parámetros en animaciones 3D. Los diagramas de Gantt facilitaron la observación de los tiempos de proceso, y la forma en la que los cambios en el equipo o en la mano de obra afectan esos tiempos.

Los usuarios de SIMIO, como BAE, pueden correr modelos de simulación cada vez que la disponibilidad de tiempo, de empleados u otros factores cambien, permitiéndoles "estar al pendiente" del sistema, lo que hace posible realizar ajustes rápidos y ayuda a tomar decisiones de forma confiable.

SIMIO Enterprise Edition, con la función para programación de horarios, ayudó a BAE *Systems* a cumplir con sus fechas de entrega. Ahora ellos utilizan SIMIO para predecir y enfrentar los retos de programación de horarios, entre los que se incluyen disminuir los tiempos extra, desarrollar metas de entrenamiento, preparar propuestas y evaluar inversiones de capital.

Muchos de los principios de este libro pueden apoyar a la aplicación de la programación de horarios con base en la simulación, como en el caso de *BAE Systems*. A pesar de que varios de los principios se enfocan en mejorar el diseño del sistema, algunos de ellos están dirigidos específicamente a mejorar la operación del mismo. Uno de los más importantes es identificar cuestiones operativas, tales como el riesgo de retrasos al principio del periodo de planeación, con el beneficio de implementar medidas (como tiempo extra) tan pronto como sea posible dentro del periodo de producción.

Puede encontrar más casos de estudio en http://www.simio.com/case-studies/index.php

Glosario

Cuello de botella - un recurso o paso de un proceso que retrasa o detiene por completo a todo el proceso. El cuello de botella suele ser un recurso costoso que no puede ser ampliado sin una inversión significativa.

Tiempo de ciclo – periodo requerido para completar un ciclo de una actividad, función, puesto o tarea, de principio a fin.

Simulación de Eventos Discretos (*Discrete Event Simulation*, DES) – tipo de modelo de simulación que considera eventos que suceden en una secuencia cronológica.

Entidad – objeto o persona que se mueve a través del proceso, como una pieza de trabajo en una fábrica, un pasajero en un aeropuerto, o un paciente en una clínica.

Indicador Clave de Desempeño (*Key Performance Indicator*, KPI) – una medida importante para evaluar el desempeño de un sistema, como puede ser el rendimiento o el trabajo en proceso (WIP).

Manufactura esbelta (*Lean Production*) – conjunto de técnicas y herramientas para la mejora de procesos que busca eliminar cualquier aspecto de la producción que no contribuya directamente a la generación de valor.

Material – provisión de artículos u otros bienes que son necesarios y consumidos en uno de los pasos del proceso. Algunos ejemplos son las tuercas y los tornillos en una línea de producción, los medicamentos en un hospital, o el combustible en un aeropuerto.

Proceso – secuencia de pasos para realizar una acción, para obtener un resultado específico, como brindar un servicio o producir una pieza.

Variabilidad del Tiempo de Proceso – fenómeno en el que el tiempo necesario para realizar un paso dentro del proceso cambia cada vez que el paso es ejecutado.

Lote de Producción – conjunto de entidades que se procesan como un grupo.

Recurso – dispositivo, persona o conjunto de dispositivos y personas que son necesarios para desempeñar cierta actividad en una entidad, en un paso del proceso. Un recurso puede ser una sola persona o máquina, o una combinación de ambos, como un tomógrafo de resonancia magnética (MRI) y su operador.

Planeación y Programación basada en Riesgos (RPS) - es el doble uso de un modelo de simulación para planear y programar la producción de un sistema, y para evaluar el riesgo asociado a ese plan.

Réplicas de simulación – un modelo de simulación es ejecutado varias veces con valores aleatorios para estimar el desempeño del sistema ante la presencia de variabilidad, obtenido al utilizar las estadísticas a lo largo de las réplicas.

Six Sigma – conjunto de técnicas y herramientas para la mejora de procesos, que incluye cinco fases: Definición, Medición, Análisis, Mejora y Control.

Rendimiento – número de entidades producidas o procesadas en un tiempo específico.

Lote de Transferencia – conjunto de entidades que se procesan como un lote, y por tanto, se mueven como un grupo de un lugar a otro.

Imprevisto – evento que ocurre en un momento que no puede conocerse con anticipación, como la avería de una máquina.

Trabajo en Proceso (*Work In Process*, WIP) – cantidad de entidades de un tipo específico que están siendo procesadas en el sistema.

Producción tipo *Push* (*make-to-stock*) – proceso en el que se aprovecha la capacidad del sistema para producir tanto como se pueda, maximizando la utilización de equipos y operarios, sin considerar la demanda real. La planeación de la producción se realiza a partir de un pronóstico de demanda.

Producción tipo *Pull* (*make-to-order*) – proceso de producción basado en las necesidades reales de demanda, desde las operaciones finales. El objetivo de este tipo de sistemas es producir lo que se necesita, en el momento en el que se necesita.

El siguiente paso

Los principios de este libro han sido demostrados con el *software* de simulación SIMIO. El siguiente paso para analizar cómo estos principios pueden mejorar sus propias operaciones, es producir un modelo con animación 3D de sus instalaciones, para que pueda percibir cómo los problemas de diseño o de flujo pueden generar demoras o disminuir su desempeño.

Hay muchas razones por las que SIMIO es la mejor opción de *software* de simulación. Está basado en las ideas de un líder en el área, con más de 30 años de experiencia en modelación, e implementa los últimos avances tecnológicos. Su interfaz basada en pestañas tipo Microsoft™ facilita la navegación, para que usted pueda actualizarse con rapidez. La biblioteca de objetos incluida le permite obtener resultados en la mitad de tiempo que con otros productos líderes en este campo, y sus procesos patentados destruyen los obstáculos que podrían evitar que modelara su sistema con la exactitud requerida, ¡sin necesidad de escribir código de programaciòn!

La información completa del producto está disponible en http://www.simio.com.

Para conocer lo que otras personas de su sector han hecho en el campo de la simulación, visite nuestros videos con ejemplos de aplicaciones en nuestra página de inicio. Entonces podrá comenzar descargando la versión de prueba del *software*. No se pierda todas las herramientas útiles de la pestaña de *Support*, incluyendo libros electrónicos, videos gratuitos, y muchas otras cosas que lo ayudarán a conseguir sus resultados más rápidamente.

Para contactar a SIMIO, escríbanos a sales@simio.com o llámenos sin costo al 1-877-297-4646 (o directamente al 1-412-528-1576).

Para contactar a ORCASIM: Análisis y Solución de Procesos, nuestro *partner* en México y Centroamérica, escriba a info@orcasim.com, o llame al +52 (222) 889 7042.

www.simio.com
sales@simio.com
+1-412-528-1576

www.orcasim.com
info@orcasim.com
+52 (222) 889 7042

Principios para la Mejora de Procesos:

Una Guía Concisa para Gerentes

C. Dennis Pegden, PhD., es cofundador y Director Ejecutivo de Simio LLC. También fue el fundador y CEO de *Systems Modeling Corporation,* que más tarde sería adquirida por *Rockwell Automation*. Ha tenido diferentes cargos en la *University of Alabama*, en Huntsville, y en *The Pennsylvania State University*. Dirigió el desarrollo de las herramientas de simulación SLAM, SIMAN, Arena y Simio. Ha sido coautor de tres libros de simulación y ha publicado escritos de diversos temas, incluyendo programación de la producción y simulación. Dennis es ampliamente reconocido como un "Titán" de la simulación y ha sido responsable de muchas innovaciones en simulación y programación de la producción en los últimos 35 años.

El objetivo de este libro es presentar una serie de principios para la mejora de procesos que los gerentes pueden aplicar para mejorar el diseño y la operación de todo tipo de sistemas: desde manufactura y distribución hasta centros de salud. Dennis ha resumido sus muchos años de experiencia resolviendo problemas de "producción" en una serie concisa de 25 principios, con el objetivo de ayudar a mejorar el diseño y la operación de estos sistemas.

Este libro no propone ni presenta una metodología para la mejora de procesos, como *Six Sigma* o *Lean*, sino que presenta y demuestra algunos principios básicos que pueden ser utilizados con cualquier metodología en sus proyectos de mejora.

Este texto es intencionalmente corto, ya que está dirigido a gerentes con poco tiempo disponible, y su objetivo es reunir principios clave para la mejora de procesos en tan pocas palabras como sea posible.

Parte de la

Serie para la Productividad

Empresarial de Simio